Sobre la belleza

Sobre la belleza

SIMONE WEIL

Traducción y selección de textos
de Pau Matheu Ribera

Prólogo de Carmen Revilla Guzmán

Plataforma
Editorial

Primera edición en esta colección: febrero de 2024

© de la traducción y la selección de textos, Pau Matheu Ribera, 2024
© del prólogo, Carmen Revilla Guzmán, 2024
© de la presente edición: Plataforma Editorial, 2024

Plataforma Editorial
c/ Muntaner, 269, entlo. 1.ª — 08021 Barcelona
Tel.: (+34) 93 494 79 99
www.plataformaeditorial.com
info@plataformaeditorial.com

Depósito legal: B 1472-2024
ISBN: 978-84-10079-24-3
IBIC: HP

Printed in Spain — Impreso en España

Diseño de cubierta:
Sara Miguelena

Realización de cubierta y fotocomposición:
Grafime S. L.

El papel que se ha utilizado para imprimir este libro proviene
de explotaciones forestales controladas, donde se respetan
los valores ecológicos, sociales y el desarrollo sostenible del bosque.

Imprenta:
Sagrafic

ÍNDICE

PRÓLOGO

Simone Weil es una autora difícilmente clasificable.
Para ella, la filosofía tiene que ver con el obrar; es
pensamiento que se traduce en una acción, capaz de
reconocer la necesidad que la realidad impone, evi-
tando las ilusiones y engaños de la imaginación. Las
experiencias que voluntariamente vivió la enfrentaron
a la realidad como límite y contradicción ante nuestra
capacidad de actuar y esas a veces breves —pero muy
intensas y ricas en consecuencias creadoras— treguas
que jalonan su existencia vienen a ser fases necesarias
y decisivas en la elaboración de su pensamiento: son
momentos de detenimiento y atención a lo real en
los que la actitud que adopta es la que corresponde,
exactamente, a la contemplación de la belleza, uno

de los grandes temas weilianos, contrapunto de la experiencia de la desdicha (*malheur*). Siguiendo su biografía se ve cómo su vocación filosófica, que es vocación de comprender, transmitir e intervenir, se fragua en la adolescencia, cuando adquiere la certeza de que la atención y el deseo abren la entrada al reino de la verdad. Muy pronto, sin embargo, percibe la cara dolorosa de la verdad: la desdicha de los seres humanos, sometidos a la necesidad implacable de un mundo regido por la fuerza. Decidida, desde muy joven, a situarse «en el corazón de la realidad», participa en círculos de discusión y acción política, acude a las fábricas y trabaja en ellas, observa el impacto de las situaciones socioeconómicas en la vida de los ciudadanos, interviene en la guerra... y todo esto le sirve para forjar un diagnóstico, extremadamente lúcido e implacable, de su presente y de las condiciones de vida en las que se desarrolla la existencia: el sometimiento al mecanismo necesario y ciego de la fuerza, que rige el mundo natural y también la vida social, hace de los seres humanos seres esencialmente frágiles y vulnerables, expuestos siempre a la desdicha y sujetos a múltiples necesidades, que han de ser cubiertas para conservar su dignidad. Estas necesidades, sin embargo, nos ponen en contacto justamente con lo que nos falta, algo que, en ocasiones, irrumpe en este mecanismo, deteniéndolo e incluso invirtiendo su dirección. Paralelamente, sus lecturas de obras literarias de primer orden, su estudio de la historia y de la ciencia, y el cultivo de su sensibilidad ante la belleza del mundo y del arte van contribuyendo a convencerla de que ese algo, «infinitamente pequeño», es también muy real y puede ser atraído, reconociendo que lo que no se tiene se recibe, y dirigiendo a ello el deseo y la atención. Por eso, escribirá, «no prestar atención a la belleza del mundo merece el castigo de la desdicha».

Ciertamente, nada en la biografía de Simone Weil es ajeno a la decisión teórica de atender a lo real y al compromiso ético y político de transformarlo; el contacto con la realidad va fraguando en ella una idea de la misma que, proporcionándole «certezas experimentales», le hace percibir las exigencias que impone. A partir de su formación intelectual y de la experiencia política, que adquiere ya desde sus años de estudiante y de actividad sindical, obtiene una imagen precisa de la dinámica del mundo humano, análoga a la del mundo natural y regida también por la fuerza; la experiencia del trabajo en las fábricas, decisiva en el replanteamiento de sus perspectivas, corroborará, matizándolo, este convencimiento. En la guerra encontrará un escenario privilegiado en el que observar lo que son de hecho las condiciones de existencia, por la fidelidad con la que ahí se muestran la presencia de la fuerza y sus efectos en los seres humanos, siempre sometidos al riesgo de cosificación que el contacto con esta produce, así como a la seducción de la mentira y el sueño, formas de defensa ante su impacto que velan la posibilidad misma de ver. Sobre este fondo, la experiencia mística supondrá el reconocimiento de un elemento sobrenatural en el mecanismo de la realidad, que quedaría así en suspenso, de tal manera que el proyecto político en el que trabajará hasta el final solo adquiere sentido «a la luz de lo sagrado», como factor que queda incorporado e integrado en su descripción de lo que es y en su programa de lo que debería ser.

Su existencia y el desarrollo de su pensamiento giran en torno a dos grandes ejes biográficos y teóricos —la vida política y la religión— que se cruzan.

Como he indicado en otras ocasiones, este cruce es, en mi opinión, el aspecto más personal y representativo de su aportación, aunque también quizás el más problemático. Su contribución, recogida en una heterogénea pluralidad de textos, es, en último término, un proyecto político de renovación radical de la realidad social, basado en una elaborada concepción de la realidad que incorpora lo sagrado. Esta incorporación es consecuencia de una experiencia que le proporciona la certeza de su presencia, que consigue articular con sus reflexiones teóricas y políticas anteriores, y, sobre todo, que se da en el marco de una experiencia de la belleza, contrapunto de la de la desdicha (*malheur*), esto es, de la experiencia de la implacable dinámica de la realidad.

Se diría que en la vida y en la obra de Simone Weil se percibe desde el inicio —por su voluntad de exponerse en el contacto con la realidad y por la importancia que concede a la atención y al deseo como forma de atraer algo, casi imperceptible pero radicalmente nuevo y diferente— una predisposición a lo sagrado que, a partir de la experiencia también, se hará explícito: lo sagrado es, desde entonces, un orden de realidad sobrenatural y todo lo que en el mundo natural pueda tener un contacto con ella, habitualmente por su ausencia, porque se echa en falta, pero también porque deja su huella en la belleza del orden del mundo. El elemento religioso se incorpora así a su concepción de la realidad, entendida como proceso material regido por leyes necesarias, cuya mecánica preside los comportamientos humanos, y en la que es sobrenatural aquello que suspende el ejercicio de la fuerza y detiene su funcionamiento degradante.

La complejidad de la obra de Simone Weil admite una pluralidad de puntos de vista a la hora de leerla; exige, por ello mismo, un permanente esfuerzo de movilidad, de cambio de planos; en este sentido, el tema de la belleza constituye una perspectiva privilegiada.

De la belleza, sin embargo, nos dice que es un misterio. Sabemos que es perceptible en la naturaleza —puesto que corresponde al orden del mundo— y en el arte que nace de la inspiración —no del talento del artista y menos aún del artificio—. Sabemos también que acompaña la fragilidad y es gratuita; que alimenta, proporcionando una energía positiva; que se revela en la alegría, y que es objeto de una forma de deseo que no busca la apropiación. En definitiva, la belleza hace del universo una «patria», un medio en el que la vida propiamente humana es posible.

CARMEN REVILLA GUZMÁN

BELLEZA Y FINALIDAD[1]

1928

Las propiedades del círculo, como la de ser el lugar de los vértices de un triángulo del que vienen dados la base y el ángulo del vértice, no están contenidas de ningún modo en su definición, porque no podemos extraerlas de ella, aunque podamos demostrarlas. Esta propiedad, aunque demostrada, aparece como un hallazgo maravilloso, porque, cuando formé la idea del círculo, no podía preverla de ningún modo. Ahora bien, es en esos hallazgos, si hay que creer a

1. Siempre que ha sido posible, a lo largo de este libro, los textos de Weil se citan haciendo referencia a las obras completas de la editorial Gallimard del siguiente modo: OC (Œuvres Complètes), una cifra en números romanos que indica el tomo y una cifra en números arábigos que indica el volumen.

Kant, donde reside la belleza de la geometría, siendo definida la belleza por un acuerdo milagroso entre la necesidad y la finalidad; este acuerdo se encuentra ciertamente en esta propiedad, que resuelve mediante el círculo un problema relacionado con el triángulo. La unidad que busca la razón se refleja en estos hallazgos, a los que somos llevados por una cadena de deducciones que en ningún caso tiene como fin dar satisfacción a la razón. Por ese motivo, las ideas matemáticas son objeto de una especie de veneración.[2]

1942

La belleza es la única finalidad de aquí abajo. Es una finalidad que no contiene ningún fin, como bien dijo Kant.[3] Una cosa bella no contiene ningún bien, excepto ella misma en su totalidad, tal como se nos aparece. Vamos hacia ella sin saber qué pedirle. Ella nos ofrece su propia existencia. No deseamos otra cosa, la poseemos, y, no obstante, aún la deseamos. Ignoramos totalmente qué es lo que deseamos. Querríamos ir detrás de la belleza, pero ella es solo superficie. Es

2. «Commentaire d'une remarque de Kant pour faire partie d'une dissertation sur Poésie et Vérité», *OC* I, p. 94.

3. Immanuel Kant trata esa cuestión en la *Crítica de la facultad de juzgar* (1790).

como un espejo que nos retorna nuestro propio deseo de bien. Es una esfinge, un enigma, un misterio dolorosamente irritante. Querríamos alimentarnos de ella, pero es objeto únicamente de nuestra mirada, solo aparece a cierta distancia.[4]

～つoᴄ～

Justamente por el hecho de no contener ningún fin, la belleza constituye, aquí abajo, la única finalidad. Porque aquí abajo no hay fines. Todas las cosas que tomamos como fines son en realidad medios. Es una verdad evidente. El dinero es un medio para comprar, el poder es un medio para mandar. Es así, de un modo más o menos visible, con todo lo que llamamos bienes.

Solo la belleza no es un medio para otra cosa. Únicamente ella es buena en sí misma, pero no encontramos ningún bien en ella. En ella misma, parece ser una promesa y no un bien. Pero no da otra cosa que sí misma, no da nunca otra cosa.

Sin embargo, como ella es la única finalidad, está presente en todas las empresas humanas. Aunque todas ellas persiguen únicamente medios —porque aquí abajo solo existen medios—, la belleza les da un

---

4. «Formes de l'amour implicite de Dieu», *OC* IV 1, p. 304.

resplandor que los colorea de finalidad. Sin ese resplandor no podría haber deseo, ni, por ello, tampoco energía para la acción.[5]

Todos los hombres, incluso los más ignorantes, incluso los más viles, saben que solo la belleza tiene derecho a nuestro amor. También los más auténticamente grandes lo saben. Ningún hombre está por encima o por debajo de la belleza. Las palabras que expresan la belleza vienen a los labios de todos cuando quieren alabar aquello que aman. La única diferencia es que algunos la saben discernir mejor que otros.[6]

Los distintos tipos de vicio, el uso de estupefacientes en el sentido literal o metafórico del término, constituyen la búsqueda de un estado en el que la belleza del mundo devenga sensible. El error consiste precisamente en buscar un estado especial. También la falsa mística forma parte de ese error. Si el error se

5. «Formes de l'amour implicite de Dieu», *OC* IV 1, pp. 304-305.
6. «Formes de l'amour implicite de Dieu», *OC* IV 1, p. 304.

encuentra en el alma de un modo suficientemente profundo, el hombre no puede no sucumbir a él.

De una manera general, todos los apetitos de los hombres, desde los más culpables hasta los más inocentes, desde los más comunes hasta los más singulares, están relacionados con un conjunto de circunstancias o un entorno en el que los hombres creen tener acceso a la belleza del mundo. La predilección por uno u otro conjunto de circunstancias se debe al temperamento, a las trazas de la vida pasada y a causas que normalmente son imposibles de conocer.[7]

Solo hay un caso, que por otro lado es frecuente, en el que la atracción del placer sensible no es la del contacto con la belleza: cuando, al contrario, proporciona un refugio contra ella.

El alma solo persigue el contacto con la belleza del mundo o, a un nivel más elevado, con Dios; pero, al mismo tiempo, huye de ese contacto. Cuando el alma huye de algo, huye siempre o bien del horror de la fealdad o bien del contacto con lo que es verdaderamente puro. Porque todo lo mediocre huye de

7. «Formes de l'amour implicite de Dieu», *OC* IV 1, p. 309.

la luz;[8] y en todas las almas, excepto en aquellas que están próximas a la perfección, hay una gran parte mediocre. Esa parte cae presa del pánico cada vez que aparece un poco de belleza pura, de bien puro; se esconde detrás de la carne, la utiliza como velo. Así como un pueblo guerrero, para tener éxito en sus conquistas, necesita realmente recubrir su agresión con un pretexto cualquiera —siendo la calidad del pretexto, por otro lado, totalmente indiferente—, así mismo la parte mediocre del alma necesita un ligero pretexto para huir de la luz. La atracción del placer o el miedo del dolor le proporcionan ese pretexto.[9]

~ ⊃o⊂ ~

De todos modos, la preocupación por la belleza del mundo, percibida bajo imágenes más o menos deformes o embrutecidas, nunca está ausente de ninguna de las ocupaciones humanas, sea la que sea. Por ese motivo, no hay en la vida humana ninguna región que pertenezca únicamente al ámbito de la naturaleza. Lo sobrenatural se encuentra secretamente presente en todas partes; la gracia y el pecado mortal están presentes en todas partes bajo mil formas diversas.

8. Jn 3,20.
9. «Formes de l'amour implicite de Dieu», *OC* IV 1, pp. 309-310.

La única mediación entre Dios y estas búsquedas parciales, inconscientes y a veces criminales de la belleza, es la belleza del mundo. El cristianismo no se encarnará mientras no se le adjunte el pensamiento estoico, la piedad filial hacia la ciudad del mundo, hacia la patria de aquí abajo que es el universo. El día en que, a causa de un malentendido que hoy es muy difícil de comprender, el cristianismo se separó del estoicismo, se condenó a una existencia abstracta y separada.[10]

10. «Formes de l'amour implicite de Dieu», *OC* IV 1, p. 310.

BELLEZA Y NECESIDAD

1941

Es verdad que la materia que constituye el mundo es un tejido de necesidades ciegas, absolutamente indiferentes a nuestros deseos; también es verdad que estas necesidades, en cierto sentido, son totalmente indiferentes a las aspiraciones del espíritu, indiferentes al bien; pero, en otro, esto no es verdad. Porque, si en el mundo ha habido alguna vez verdadera santidad, aunque haya sido en un solo hombre y durante un solo día, entonces, en cierto modo, la santidad es algo de lo que la materia es capaz; porque únicamente existe la materia y lo que se inscribe en la materia. El cuerpo de un hombre —y por eso mismo, en particular, el cuerpo de un santo— no es otra cosa que materia, y es un trozo del mundo, de este mismo mundo que está constituido por un tejido de necesidades mecánicas. Estamos regidos por una doble ley: por un lado, una indiferencia evidente, y, por el otro, una complicidad misteriosa de la materia con el bien; es el recuerdo de esa doble ley lo que nos toca el corazón en el espectáculo de lo bello.[11]

1942

Si la orientación del alma es amor, cuanto más contemplamos la necesidad, cuanto más estrechamos la dureza y el frío metálicos contra nosotros, incluso contra la carne, más nos acercamos a la belleza del mundo. Es lo que experimentó Job.[12] Por el hecho de haber sido tan honesto en medio del sufrimiento, por no haber admitido ningún pensamiento susceptible de alterar la verdad de su situación, Dios descendió hasta él para revelarle la belleza del mundo.

Es justamente porque la ausencia de finalidad, la ausencia de intención, es la esencia de la belleza que Cristo nos mandó contemplar cómo la lluvia y la luz del sol descienden por igual sobre los justos y los in-

11. «La science et nous», *OC* IV 1, pp. 147-148.
12. En este y otros fragmentos, Weil hace referencia a la historia bíblica de Job.

justos.[13] Eso recuerda el grito supremo de Prometeo: «Oh Cielo, gracias al cual la luz gira para todos».[14] Cristo nos manda imitar esa belleza. También Platón, en el *Timeo*, nos aconseja hacernos semejantes a la belleza del mundo mediante la contemplación, semejantes a la armonía de los movimientos circulares que hacen que se sucedan y retornen los días y las noches, los meses, las estaciones, los años.[15] La ausencia de finalidad y de intención se hace evidente también en esos movimientos circulares, en su combinación; y en ellos resplandece la belleza pura.[16]

Porque puede ser amado por nosotros, por el hecho de ser bello, el universo es una patria. Es nuestra única patria aquí abajo. Esta idea es la esencia de la sabiduría de los estoicos. Tenemos una patria celestial. Pero, en un sentido, amarla es demasiado difícil, porque no la conocemos; pero, además, en otro sentido, es demasiado fácil, porque nos la podemos imaginar como queramos. Hay el peligro de

13. Mt 5,45.
14. Esquilo, *Prometeo encadenado*, vv. 1091-1092. Forman parte del grito de Prometeo con el que termina la tragedia.
15. Platón, *Timeo*, 47 b-c.
16. «Formes de l'amour implicite de Dieu», *OC* IV 1, pp. 311-312.

amar una ficción bajo ese nombre. Si el amor de esa ficción es suficientemente fuerte, hace que cualquier virtud resulte fácil, pero también la convierte en algo de poco valor. Amemos la patria de aquí abajo. Ella es real; se resiste al amor. Es la que Dios nos ha dado para amar. Él quiso que amarla fuera difícil y, sin embargo, posible.

Nos sentimos extranjeros aquí abajo, desarraigados, en el exilio. Somos como Ulises, que, deseando Ítaca con todo su corazón, se despertó en un país desconocido después que unos marineros lo hubieran llevado mientras dormía. De repente, Atenea le abrió los ojos y se dio cuenta de que estaba en Ítaca. Del mismo modo, todo hombre que desea infatigablemente su patria, sin dejar que Calipso o las sirenas distraigan su deseo, un día, de improviso, se dará cuenta de que se encuentra en su patria.[17]

El mecanismo de la necesidad se encuentra en todos los niveles, permanece semejante a sí mismo en la materia inerte, en las plantas, en los animales, en los pueblos y en las almas. Contemplado desde el punto en el que nos encontramos, según nuestra

17. «Formes de l'amour implicite de Dieu», *OC* IV I, p. 312.

perspectiva, es un mecanismo totalmente ciego. Pero si transportamos nuestro corazón fuera de nosotros mismos, fuera del espacio y del tiempo, allí donde se encuentra nuestro Padre,[18] y contemplamos el mecanismo desde ese sitio, se nos aparece de un modo completamente distinto. Lo que parecía necesidad es ahora obediencia. Toda la materia es pasividad, y, por ello mismo, obediencia a la voluntad de Dios. Para nosotros es un modelo perfecto. Los únicos seres que pueden existir son Dios y lo que obedece a Dios. Por su perfecta obediencia, la materia merece ser amada por aquellos que aman a su Señor, como un amante contempla con ternura el alfiler que usaba una mujer a quien amaba y que murió. La belleza del mundo nos anuncia que la materia merece esa parte de nuestro amor. En la belleza del mundo, la necesidad bruta se convierte en objeto de amor. Nada es tan bello como la gravedad en los pliegues fugaces de las olas del mar o los pliegues casi eternos de las montañas.[19]

El mar no es menos bello a nuestros ojos por más que sepamos que a veces los barcos naufragan. Es aún

18. *Cf.* Mt 6,19-21 y Lc 12,33-34.
19. «L'amour de Dieu et le malheur», *OC* IV 1, pp. 354-355.

más bello por ese hecho. Si el mar pudiera modificar el movimiento de sus olas para salvar un barco, sería un ser dotado de discernimiento y de elección, y no ese fluido perfectamente obediente a todas las presiones externas. Su belleza consiste precisamente en esa perfecta obediencia. Todos los horrores que se producen en este mundo son como los pliegues que la gravedad imprime a las olas del mar. Es por ese motivo que contienen belleza. A veces un poema, como la *Ilíada*,[20] puede hacer sensible esa belleza.[21]

Cristo nos propuso la docilidad de la materia como modelo cuando nos aconsejó contemplar los lirios del campo, que no hilan ni trabajan.[22] Que no hilan ni trabajan quiere decir que no se han propuesto revestir ese u otro color, no han puesto su voluntad en marcha ni han dispuesto los medios para ese fin: simplemente reciben todo lo que les aporta la necesidad natural. Si nos parecen infinitamente más bellos que los ricos

20. Para el análisis weiliano de la *Ilíada*, véase su texto: «La *Ilíada* o el poema de la fuerza», en *Escritos históricos y políticos*, Madrid: Trotta, 2007, pp. 287-310.

21. «L'amour de Dieu et le malheur», *OC* IV 1, p. 355.

22. *Cf.* Mt 6,28-29 y Lc 12,27.

tejidos no es porque cuesten más dinero, sino por esa docilidad. El tejido también es dócil, pero es dócil al hombre, no a Dios. La materia no es bella cuando obedece al hombre, sino cuando obedece a Dios. Si algunas veces, en una obra de arte, la materia nos parece casi tan bella como en el mar, las montañas o las flores, es porque la luz de Dios colmaba al artista. Para encontrar bellas las cosas fabricadas por hombres no iluminados por Dios, hay que haber comprendido con toda el alma que los hombres mismos son materia que obedece sin saberlo. Para quien ha llegado a ese punto, absolutamente todo lo que existe aquí abajo es perfectamente bello, puesto que discierne el mecanismo de la necesidad en todo lo que existe, en todo lo que se produce, y es capaz de saborear, en esa necesidad, la dulzura infinita de la obediencia.[23]

Cuando un aprendiz se hace daño o se queja por el cansancio, los obreros y los campesinos utilizan esta expresión: «Es el trabajo, que entra en su cuerpo». Cada vez que sufrimos algún dolor, podemos decirnos sin faltar a la verdad que es el universo, el orden del mundo, la belleza del mundo, la obediencia de

23. «L'amour de Dieu et le malheur», *OC* IV 1, pp. 355-356.

la creación a Dios, que entran en nuestro cuerpo. Entonces, ¿cómo podríamos no bendecir con la más tierna gratitud al Amor que nos envía ese don?[24]

El dolor físico intenso y duradero tiene esta única ventaja: que nuestra sensibilidad está hecha de tal modo que no puede aceptarlo. Podemos habituarnos, complacernos y adaptarnos a cualquier cosa menos a él, y nos adaptamos para tener la ilusión del poder, para creer que nosotros mandamos. Jugamos a imaginarnos que hemos decidido lo que se nos impone. Cuando un ser humano es transformado ante sus propios ojos en una especie de bestia casi paralizada y totalmente repugnante, ya no puede mantener esa ilusión. Aún es mejor si esa transformación se realiza mediante la voluntad de los hombres, como efecto de una reprobación social, a condición de que se trate de un acto de opresión más o menos anónimo y no de una persecución honorable. La parte carnal de nuestra alma solo puede sentir la necesidad bajo la forma de coacción, y solo puede sentir la coacción bajo la forma de dolor físico. Una misma verdad penetra en la sensibilidad carnal por el dolor físico, en la

24. «L'amour de Dieu et le malheur», *OC* IV 1, pp. 356-357.

inteligencia por la demostración matemática, y en la facultad de amor por la belleza. Por eso Job, después de que la desgracia haya rasgado el velo carnal, ve la belleza del mundo al desnudo. La belleza del mundo aparece cuando reconocemos la necesidad como sustancia del universo, y la obediencia a un Amor perfectamente sabio como sustancia de la necesidad. La esencia de este universo del que somos fragmentos es la obediencia.[25]

La contemplación de las relaciones de cantidad que nos proporcionan la aritmética y la geometría es muy útil, puesto que muestra que todo lo que forma parte de la cantidad, es decir, no solamente la materia y el espacio, sino también todo lo que se encuentra en el tiempo y todo lo que puede ser mesurado en grados, todo eso está sometido al límite por las cadenas de la necesidad.

Esta contemplación obtiene todo su fruto cuando el orden incomprensible de esas relaciones y las concordancias maravillosas que encontramos en ellas nos hacen sentir que la misma concatenación que en el plano de la inteligencia es necesidad, en el plano

25. «L'amour de Dieu et le malheur», *OC* IV 1, p. 363.

inmediatamente superior es belleza y obediencia a Dios.

Cuando hemos comprendido hasta el fondo del alma que la necesidad es solamente una de las caras de la belleza, cuyo reverso es el bien, entonces todo lo que nos hace sentir la necesidad —contrariedades, dolor, penas, obstáculos— nos proporciona una razón suplementaria para amar. Cuando un aprendiz recibe una herida, los trabajadores dicen que es el oficio que entra en su cuerpo. Del mismo modo, cuando hemos comprendido, podemos pensar que todo dolor es la belleza misma entrando en nuestro cuerpo.

La belleza misma es el Hijo de Dios. Porque Él es la imagen del Padre, y lo bello es la imagen del bien.[26]

La ciencia es un esfuerzo para captar el orden del universo. De modo que constituye un contacto del pensamiento humano con la sabiduría eterna. Es algo parecido a un sacramento.

En todos los pueblos de la antigüedad —excepto entre los romanos, evidentemente— habitaba la idea según la cual la materia inerte, por la sumisión a la

26. «Intuitions pré-chrétiennes», *OC* IV 2, pp. 176-177.

necesidad, proporciona al hombre el ejemplo de la obediencia a Dios.

Esta idea permite abarcar, en un único acto del espíritu, la ciencia como investigación de la belleza del mundo, el arte como imitación de la belleza del mundo, la justicia como equivalente de la belleza del mundo entre las cosas humanas, y el amor a Dios como autor de la belleza del mundo. Así se podría restituir una unidad perdida desde hace siglos.

Habría que añadir el trabajo como contacto de algún modo físico con la belleza del mundo a través del dolor del esfuerzo. La sumisión de la materia a la necesidad no es solo la imagen de nuestra obediencia, sino que esta necesidad es la imagen de la operación sobrenatural de la gracia.[27]

27. «Fragments sur le travail, le temps, l'obéissance, la décréation», *OC* V 2, p. 390.

BELLEZA Y AMOR DE DIOS

1942

El mandamiento «ama a Dios» implica, por su forma imperativa, que no se trata solo del consentimiento que el alma puede dar o rehusar cuando Dios viene en persona a tomar la mano de su futura esposa, sino también de un amor anterior a esa visita.

El amor anterior no puede tener a Dios como objeto, puesto que Dios no está presente ni aún lo ha estado nunca. Tiene, pues, otro objeto. Sin embargo, está destinado a devenir amor de Dios. Lo podemos llamar amor indirecto o implícito de Dios […].

El amor implícito de Dios solo puede tener tres objetos inmediatos, los únicos tres objetos de aquí abajo en los que Dios se encuentra realmente presente, aunque de un modo secreto. Esos tres objetos son las ceremonias religiosas, la belleza del mundo y el prójimo. En total, tres amores. Quizás habría que añadir la amistad, puesto que en rigor es distinta de la caridad para con el prójimo.[28]

—⁓ɔ०ᑦ⁓—

Así como Dios se precipita en toda alma desde el instante mismo en el que esta se entreabre, para amar y servir a través de ella a los desdichados, también desciende en el alma para amar y admirar a través de ella la belleza sensible de su propia creación.

Pero lo contrario es aún más verdadero. La inclinación natural del alma a amar la belleza es la trampa que más frecuentemente usa Dios para abrirla al soplo que viene de arriba.

Es la trampa en la que cayó Coré.[29] El perfume del narciso hizo sonreír al cielo entero allí arriba, y a la tierra entera, y a toda la anchura del mar. La pobre joven apenas había tendido la mano y cayó en la trampa. Había caído en manos del Dios vivo.[30]

28. «Formes de l'amour implicite de Dieu», *OC* IV 1, pp. 285-286.
29. Weil se refiere al mito griego de Coré, o Perséfone, relatado en el himno homérico a Deméter.
30. Hb 10, 31.

Salió después de haber comido el grano de granada que la comprometía para siempre. Ya no era virgen; era la esposa de Dios. La belleza del mundo es el orificio del laberinto. El imprudente que, habiendo entrado, da algunos pasos, al cabo de un tiempo ya no puede encontrar la salida. Agotado, sin nada para comer ni para beber, en las tinieblas, separado de sus allegados, de todo lo que ama, de todo lo que conoce, camina sin saber nada, sin esperanza, incapaz incluso de saber si avanza realmente o si da vueltas en círculo. Pero esa desdicha no es nada comparada con el peligro que lo amenaza. Porque, si no pierde el coraje, si continúa avanzando, es absolutamente seguro que al final llegará al centro del laberinto. Y allí lo espera Dios para devorarlo. Más tarde volverá a salir, pero cambiado, convertido en otro, habiendo sido comido y digerido por Dios. Se quedará entonces al lado del orificio para empujar dulcemente hacia él a aquellos que se acerquen.[31]

La belleza del mundo es la cooperación de la Sabiduría divina en la creación. «Zeus acabó todas las

---

31. «Formes de l'amour implicite de Dieu», *OC* IV 1, pp. 302-303.

cosas —reza un verso órfico— y Baco las llevó a la perfección».[32] El perfeccionamiento es la creación de la belleza. Dios ha creado el universo, y el Hijo, nuestro hermano primogénito, ha creado la belleza para nosotros. La belleza del mundo es la sonrisa llena de ternura que Cristo nos dirige a través de la materia. Él se encuentra realmente presente en la belleza universal. El amor de esa belleza procede de Dios, que ha descendido a nuestra alma, y va hacia Dios presente en el universo. Es también algo así como un sacramento.[33]

Dios ha creado por amor, para el amor. Dios no ha creado otra cosa que el amor mismo y los medios del amor. Ha creado todas las formas de amor. Ha creado seres capaces de amor a todas las distancias posibles. Él mismo, porque nadie más podía hacerlo, llegó a la distancia máxima, a la distancia infinita. Esa distancia infinita entre Dios y Dios, desgarramiento extremo,

32. Verso órfico recogido por Proclo en el *Comentario sobre el Timeo de Platón*, III, 316. La traducción de Alberto Bernabé difiere de la weiliana: «Todo lo dominaba el padre Zeus, mas Baco llevaba a efecto el dominio», Fr. 300 de *Hieros logos. Poesía órfica sobre los dioses, el alma y el más allá*, Madrid: Akal, 2003, p. 184.
33. «Formes de l'amour implicite de Dieu», *OC* IV 1, p. 303.

dolor al que ningún otro se aproxima, maravilla del amor, es la Crucifixión. Nada puede estar más lejos de Dios que aquel que se hizo maldición.

Ese desgarramiento, por encima del cual el amor supremo crea el lazo de la suprema unión, resuena perpetuamente a través del universo, en el fondo del silencio, como dos notas separadas y fundidas, como una armonía pura y conmovedora. Esto es la Palabra de Dios, y la creación entera no es otra cosa que su vibración. Cuando la música humana, en su mayor pureza, nos atraviesa el alma, es eso lo que escuchamos. Cuando hemos aprendido a escuchar el silencio, esto es lo que con mayor distinción captamos en él.[34]

La idea esencial del *Timeo* es que el fondo, la sustancia misma de este universo en el que vivimos, es amor. Ha sido creado por amor, y su belleza es el reflejo y el signo irrefutable de ese amor divino, del mismo modo que la belleza de una estatua perfecta o de una canción perfecta es el reflejo del amor sobrenatural que colma el alma de un artista verdaderamente inspirado […].

34. «L'amour de Dieu et le malheur», *OC* IV 1, p. 351.

Cuando vemos a un ser humano verdaderamente bello, cosa muy poco frecuente, o cuando oímos cantar una voz verdaderamente bella, no podemos evitar creer que detrás de esa belleza sensible hay un alma hecha del amor más puro. En muchos casos es falso, y esos errores son la causa de grandes desdichas. Pero, en relación con el universo, es verdad. La belleza del mundo nos habla del Amor que constituye su alma, del mismo modo como lo harían las facciones de un rostro humano perfectamente bello y que no mintiera.

Hay por desgracia muchos momentos, e incluso largos períodos de tiempo, en los que no podemos sentir la belleza del mundo porque una pantalla se interpone entre ella y nosotros, constituida por las acciones de los hombres y sus producciones miserables o por la fealdad de nuestra propia alma. Pero siempre podemos saber que la belleza existe. Y saber que todo lo que tocamos, vemos y oímos es la mismísima carne y la mismísima voz del Amor absoluto.[35]

Solo la verdadera renuncia al poder de pensarlo todo en primera persona —renuncia que no es una mera

35. «Intuitions pré-chrétiennes», *OC* IV 2, pp. 177-178.

transferencia— permite al hombre saber que los otros hombres son sus semejantes. Esa renuncia no es otra cosa que el amor de Dios, con indiferencia del hecho de que el nombre de Dios se encuentre o no presente en el pensamiento. Es por eso que los dos mandamientos son en realidad uno solo.[36] De derecho, el amor de Dios es primero. Pero, de hecho, como en el hombre todo pensamiento concreto necesita un objeto real aquí abajo, esa renuncia se opera necesariamente cuando el pensamiento se aplica a las cosas o a los hombres. En el primer caso, el amor de Dios aparece de entrada como adhesión a la belleza del mundo, el *amor fati* estoico, la adhesión a esa distribución indiscriminada de la luz y la lluvia que expresa aquí abajo la perfección de nuestro Padre celestial. En el segundo caso, el amor de Dios aparece de entrada como amor al prójimo, y, ante todo, como amor al prójimo débil y desdichado; aquel que, según las leyes de la naturaleza, ni siquiera percibiríamos al pasar por su lado.[37]

Así como un niño adquiere el conocimiento sensible, aprende a ejercer los sentidos y a percibir las cosas que

36. Mt 22,37-40.
37. «À propos de la doctrine pythagoricienne», *OC* IV 2, p. 270.

lo rodean, así como más tarde adquiere los mecanismos de transferencia análogos relacionados con la lectura o la nueva sensibilidad que acompaña el manejo de herramientas, así mismo el amor de Dios requiere un aprendizaje. Un niño aprende primero que cada letra corresponde a un sonido. Al cabo de un tiempo, cuando lanza una ojeada a un papel escrito, el sonido de las palabras le entra directamente en el pensamiento a través de los ojos. Del mismo modo, empezamos por saber abstractamente que hay que amar a Dios en todas las cosas. Solo más tarde, la presencia bienamada de Dios entra hasta el centro de nuestra alma, en cada instante, a través de todos los accidentes grandes o pequeños que componen el tejido de cada día [...].

Para ayudar a los niños pequeños, les damos objetos de forma regular y fáciles de manejar, explorar y reconocer, como las esferas o los cubos. Del mismo modo, Dios facilita el aprendizaje a los hombres dándoles las prácticas religiosas y los sacramentos en la vida social, y la belleza en el universo inanimado.[38]

1943

Existe una realidad que se encuentra fuera del mundo, es decir, fuera del tiempo y del espacio, fuera del uni-

38. «À propos de la doctrine pythagoricienne», *OC* IV 2, p. 292.

verso mental del hombre, fuera de todo el ámbito que las facultades humanas pueden alcanzar.

A esta realidad responde, en el fondo del corazón del hombre, la exigencia de un bien absoluto que habita siempre en nosotros y que jamás encuentra en este mundo ningún objeto apropiado [...]. Así como la realidad de este mundo es el único fundamento de los hechos, la otra realidad es el único fundamento del bien.

Todo el bien susceptible de existir en este mundo, toda belleza, toda verdad, toda justicia, toda legitimidad, todo orden, toda subordinación de la conducta humana a obligaciones, desciende en este mundo únicamente de ella.

El único intermediario por el que el bien puede descender de ella y habitar entre los hombres lo constituyen los hombres que mantienen su atención y su amor dirigidos hacia ella.

Aunque se encuentre más allá del alcance de las facultades humanas, el hombre tiene el poder de dirigir su atención y su amor hacia ella.

Nada puede autorizar jamás a suponer que un hombre, sea el que sea, esté privado de este poder.[39]

---

39. «Étude pour une déclaration des obligations envers l'être humain», *OC* V 2, pp. 96-97.

BELLEZA Y DESDICHA

1942

La desdicha hace que Dios esté ausente durante un tiempo, más ausente que un muerto, más ausente que la luz en un calabozo completamente oscuro. Una especie de horror inunda toda el alma. Durante esa ausencia, no existe nada que se pueda amar. Lo terrible es que, si en esas tinieblas en las que no hay nada que se pueda amar, el alma deja de amar, entonces la ausencia de Dios se convierte en definitiva. El alma tiene que seguir amando en el vacío, o como mínimo debe seguir queriendo amar, aunque sea con una parte infinitesimal de ella misma. Si lo hace, Dios viene a mostrarse a sí mismo y le revela la belleza del mundo, del mismo modo que le sucedió a Job. Pero, si el alma deja de amar, entonces cae desde aquí abajo en un estado casi equivalente al infierno.[40]

El «¿por qué?» del desdichado no tiene respuesta, porque vivimos en la necesidad y no en la finalidad. Si hubiera finalidad en este mundo, el lugar del bien no sería el otro mundo. Cada vez que pedimos finalidad al mundo, este la niega. Pero, para saber que la niega, hay que pedirla.

Solo la desdicha nos obliga a pedirla, y también la belleza, porque lo bello nos proporciona tan vivamente el sentimiento de la presencia de un bien que hace que busquemos un fin, aunque nunca lo podamos encontrar. También lo bello nos obliga a preguntar: ¿por qué? ¿Por qué esto es bello? Pero hay pocas personas capaces de pronunciar en sí mismas ese «por qué» durante varias horas seguidas. El «por qué» de la desdicha dura horas, días, años; solo se detiene por el agotamiento.

Quien es capaz no solo de gritar, sino también de escuchar, oye la respuesta. La respuesta es el silencio. Es el silencio eterno que Vigny[41] reprochó amarga-

40. «L'amour de Dieu et le malheur», *OC* IV 1, p. 349.
41. Weil piensa seguramente en el poema «Le mont des oliviers»

mente a Dios; pero él no tenía el derecho de anunciar la respuesta del justo a ese silencio, porque no era un justo. El justo ama. Quien es capaz no solo de escuchar, sino también de amar, percibe ese silencio como la palabra de Dios.[42]

⌒⌒ↃO⌒ ⌒

Cuando soportamos bien un dolor, y, sobre todo, cuando soportamos bien la desdicha, pasamos al otro lado de una puerta, vemos una armonía bajo su verdadero rostro, el rostro vuelto hacia lo alto; se rasga uno de los velos que nos separan de la belleza del mundo y de la de Dios. Es lo que enseña el fin del libro de Job. Job, en el fondo de su aflicción, que soporta perfectamente bien a pesar de las apariencias, recibe la revelación de la belleza del mundo.

Por otro lado, existe una especie de equivalencia entre la alegría y el dolor. También la alegría es una revelación de la belleza. A quien mantiene los ojos fijos en la llave, todo le hace avanzar. Solo hay que verla.

47

---

de Alfred de Vigny (1797-1863). En ese texto el poeta evoca la súplica que Cristo eleva al Padre en el monte de los olivos la noche anterior a la Pasión, y concluye que, ante el silencio de Dios, el justo debe responder con desdén y un frío silencio.

42. «L'amour de Dieu et le malheur», *OC* IV 1, pp. 372-373.

En la vida humana hay tres misterios que todos los seres humanos conocen, incluso los más mediocres. El primero es la belleza. El segundo es la operación de la inteligencia pura cuando se aplica a la contemplación de la necesidad teórica en el conocimiento del mundo, y la encarnación de concepciones puramente teóricas en la técnica y en el trabajo. El último está constituido por los brillos de justicia, compasión y gratitud que surgen a veces en medio de la dureza y la frialdad metálica de las relaciones humanas. Se trata de tres misterios sobrenaturales constantemente presentes en la naturaleza humana.[43]

Todo este universo está vacío de finalidad. El alma que, destrozada por la desdicha, grita constantemente pidiendo finalidad, toca ese vacío. Si no deja de amar, un día podrá escuchar no una respuesta a la pregunta de su grito, pues tal respuesta no existe, sino el silencio mismo como algo infinitamente más lleno de significación que ninguna respuesta, como la palabra misma de Dios. Entonces sabrá que la ausencia de Dios aquí abajo es la misma cosa que la presencia se-

43. «À propos de la doctrine pythagoricienne», *OC* IV 2, pp. 288-289.

creta, aquí abajo, del Dios que está en los cielos. Pero, para escuchar el silencio divino, primero tenemos que haber sido forzados a buscar vanamente una finalidad aquí abajo, y solo dos cosas pueden forzarnos a ello: la desdicha y la alegría pura, que está hecha del sentimiento de la belleza. La belleza tiene el poder de darnos el sentimiento imperioso de la presencia de una finalidad sin contener ninguna finalidad particular. La desdicha y la alegría extrema y pura son las dos únicas vías, y son equivalentes, pero la desdicha es la vía de Cristo.[44]

1943

Si queremos armar a los desdichados de forma eficaz, hay que poner en su boca únicamente palabras cuya morada propia se encuentra en el cielo, por encima del cielo, en el otro mundo […].

El criterio para escoger las palabras es fácil de reconocer y de utilizar. Los desdichados, sumergidos en el mal, aspiran al bien. Las únicas palabras que hay que darles son las que expresan solamente el bien, el bien en estado puro. Es fácil reconocerlas. Cuando a una palabra se le puede añadir algo que designa un mal, eso quiere decir que esa palabra es ajena al bien

44. «À propos de la doctrine pythagoricienne», *OC* IV 2, p. 291.

puro. Expresamos una crítica al decir: «Puso su persona por delante». De modo que la persona es ajena al bien. Se puede hablar de un abuso de la democracia. De modo que la democracia es ajena al bien. La posesión de un derecho implica la posibilidad de hacer un buen o un mal uso de él. De modo que el derecho es ajeno al bien. En cambio, el cumplimiento de una obligación es siempre y en todas partes un bien. La verdad, la belleza, la justicia, la compasión son bienes siempre y en todas partes.

Para estar seguro de decir lo que hay que decir, basta con limitarse, cuando se trata de las aspiraciones de los desdichados, a las palabras y las frases que expresan siempre, en todas partes y en todas circunstancias, únicamente el bien.[45]

Si la desdicha es horrenda, su verdadera expresión es soberanamente bella. Podemos dar como ejemplos, incluso en los siglos recientes, *Fedra* [de Racine], *La escuela de las mujeres* [de Molière], *Lear* [de Shakespeare], los poemas de Villon; pero aún más las tragedias de Esquilo y de Sófocles; y aún más la *Ilíada*, el Libro de Job, determinados poemas populares, y

45. «La personne et le sacré», *OC* V 1, pp. 226-227.

aún más las narraciones de la Pasión en los Evangelios. El resplandor de la belleza se esparce sobre la desdicha por la luz del espíritu de justicia y de amor, que permite a un pensamiento humano contemplar y reproducir la desdicha tal y como es [...].

La belleza es sensible, aunque de un modo muy confuso y mezclada con muchas falsas imitaciones, en el interior de la celda donde se encuentra encerrado de entrada todo pensamiento humano. La verdad y la justicia, que tienen la lengua cortada, no pueden esperar otra ayuda que la suya. La belleza tampoco tiene lenguaje; no habla, no dice nada. Pero tiene una voz para llamar. Llama y muestra la justicia y la verdad que se encuentran sin voz. Como un perro que ladra para que la gente venga hacia su amo que yace inerte en la nieve.

Justicia, verdad y belleza son hermanas y aliadas. Con estas tres palabras, tan bellas, no hace falta buscar otras.[46]

46. «La personne et le sacré», *OC* V 1, pp. 231-232.

BELLEZA Y ALEGRÍA PURA

1941[47]

Aquí hace un tiempo maravilloso; hay ráfagas de luz encima del mar y los árboles se cubren de hojas. Soy feliz de saber que encuentras alegría contemplando las montañas. Mientras tengamos cosas como el mar, las montañas, el viento, el sol, las estrellas, la luna o el cielo no podemos ser de ningún modo totalmente desdichados. E, incluso si se nos privara de todo ello metiéndonos en un calabozo, el hecho de saber que todas estas cosas existen, que son bellas y que otras

47. Fragmento de la carta que Simone Weil envió el 22 de abril de 1941 a Antonio Atarés, un anarquista español retenido en el campo de concentración de Vernet, en Francia. En junio de ese mismo año fue trasladado al campo de Djelfa, en Algeria.

personas disfrutan de ellas libremente tiene que ser en todo momento un consuelo. El hecho de que seas capaz de experimentar la alegría allí donde te encuentras demuestra que has sabido conservar lo mejor que hay en ti. Han podido hacerte sufrir, pero no han podido hacerte verdaderamente daño. Esto constituye para mí una gran alegría, y soy feliz de haber entrado en relación contigo.[48]

[49]

¿Aún echas en falta los pájaros de los Pirineos? No sé si el silencio no es más bello que todos los cantos. En un vasto paisaje, cuando sale o se pone el sol, no hay armonía más completa que el silencio. Incluso si los hombres hablan y hacen ruido alrededor, se oye el silencio que planea por encima y se extiende tan lejos como el cielo. Me alegra que tengas agua pura; el agua pura es algo bello. Las noches en África deben ser muy claras y llenas de estrellas. ¿Las contemplas a menudo? ¿Las conoces? Platón decía que la vista solo es verdaderamente valiosa porque nos hace conocer

48. «Lettres à Antonio», *Cahiers Simone Weil*, t. VII, n. 3, 1984, pp. 203-204.
49. Fragmento de la carta que Simone Weil escribió a Antonio Atarés el 21 de julio de 1941, cuando ya había sido trasladado al campo de Djelfa.

las estrellas, los planetas, la luna, el sol […]. No hay
para mí mayor alegría que contemplar el cielo en una
noche clara, con una atención tan concentrada que el
resto de los pensamientos desaparecen; entonces se
podría creer que las estrellas entran en el alma.
Tienes, al menos, el sol y las estrellas.[50]

1942

Tanto la alegría como el dolor son dones igualmente
valiosos, y hay que saborearlos de forma integral, cada
uno en su pureza, sin intentar mezclarlos. La belleza
del mundo entra en nuestra alma a través de la alegría.
Entra en nuestro cuerpo a través del dolor. No podríamos llegar a ser amigos de Dios solamente con la
alegría, del mismo modo que no se puede llegar a ser
capitán de barco únicamente estudiando manuales de
navegación. El cuerpo participa en todo aprendizaje.
Al nivel de la sensibilidad física, el dolor es el único
contacto con esa necesidad que constituye el orden
del mundo, porque el placer no contiene la impresión
de una necesidad. Solo una parte más elevada de la
sensibilidad puede sentir la necesidad en la alegría,
y ello únicamente por la mediación del sentimiento

50. «Lettres à Antonio», *Cahiers Simone Weil*, VII 3, 1984, pp. 206-
207.

de lo bello. Para que todo nuestro ser llegue algún día a ser enteramente sensible a esa obediencia que es la sustancia de la materia, para que se forme en nosotros ese nuevo sentido que permite captar el universo como la vibración de la palabra de Dios, tanto la virtud transformadora del dolor como la de la alegría son igualmente indispensables. Cuando uno u otra se nos presentan, hay que abrirles el centro mismo del alma, como abrimos la puerta a los mensajeros de alguien a quien amamos. ¿Qué le importa a una amante si el mensajero es educado o brutal, mientras le entregue un mensaje?[51]

A menudo nos sentiríamos tentados de llorar lágrimas de sangre pensando en las veces que la desdicha aplasta a desdichados incapaces de hacer uso de ella. Pero, analizando las cosas fríamente, no es peor que el uso que se hace de la belleza del mundo. ¿Cuántas veces la claridad de las estrellas, el rumor de las olas del mar, el silencio de la hora que precede al amanecer se proponen en vano a la atención de los hombres? No prestar atención a la belleza del mundo es quizás un crimen de ingratitud tan grande que merece el

51. «L'amour de Dieu et le malheur», *OC* IV I, p. 357.

castigo de la desdicha. Es cierto que no siempre se recibe, pero en ese caso se es castigado con una vida mediocre, y, ¿en qué sentido una vida mediocre es preferible a la desdicha? Por otro lado, incluso en los casos de gran desgracia, probablemente la vida de esos seres es siempre mediocre […].

Solo para quien ha conocido la alegría pura, aunque haya sido durante un minuto —y, por consiguiente, el sabor de la belleza del mundo, porque son la misma cosa—, solo para esa persona la desdicha es algo desgarrador. Esa persona es la única que no ha merecido ese castigo. Pero para ella no se trata de un castigo, para ella es Dios mismo tomándola de la mano y apretando con algo de fuerza. Porque, si se mantiene fiel, en el fondo de sus gritos encontrará la perla del silencio de Dios.[52]

La alegría sensible posee una virtud análoga a la del dolor físico cuando es tan viva y pura, cuando supera de tal modo las expectativas que nos reconocemos inmediatamente incapaces de procurarnos nada semejante o de garantizar su posesión. La esencia de tales alegrías es siempre la belleza. La alegría pura y

52. «L'amour de Dieu et le malheur», OC IV 1, pp. 373-374.

el dolor puro son dos aspectos de la misma verdad infinitamente valiosa. Afortunadamente, pues, gracias a ello tenemos el derecho de desear la alegría para quienes amamos, en vez del dolor.[53]

Ese equilibrio activo entre el hombre y la necesidad universal, unido al equilibrio de fuerzas y necesidades entre los hombres, constituiría, si tal cosa pudiera durar largo tiempo, la felicidad natural. La aspiración a la felicidad natural es buena, sana y valiosa, del mismo modo que es bueno para la salud de un niño que se sienta atraído hacia los alimentos por su sabor, aunque su virtud resida en la composición química y no en el sabor. La experiencia y el deseo de alegrías sobrenaturales no destruyen en el alma la aspiración a la felicidad natural, sino que le confieren una plenitud de significado. La felicidad natural solo tiene verdadero valor cuando una alegría perfectamente pura se le añade por el sentimiento de la belleza. En cambio, el crimen y la desdicha —cada uno de modo diferente, pero con la misma eficacia— destruyen para siempre la aspiración a la felicidad natural.[54]

53. «L'amour de Dieu et le malheur», *OC* IV 1, p. 363.
54. «À propos de la doctrine pythagoricienne», *OC* IV 2, pp. 274-275.

La belleza del mundo es lo que permite contemplar la necesidad amándola. Sin la belleza sería imposible. Pues, aunque el consentimiento sea la función propia de la parte sobrenatural del alma, no puede concederse de hecho sin una cierta complicidad de la parte natural del alma e incluso del cuerpo. La plenitud de esa complicidad es la plenitud de la alegría; la extrema desdicha, por el contrario, hace que esa complicidad, como mínimo durante un tiempo, sea completamente imposible. Pero incluso los hombres que tienen el privilegio infinitamente valioso de participar en la cruz de Cristo no podrían conseguirlo si no hubieran pasado por la alegría. Cristo conoció la perfección de la alegría humana antes de hundirse hasta el fondo de la miseria humana. Y la alegría pura no es otra cosa que el sentimiento de la belleza.[55]

---

55. «À propos de la doctrine pythagoricienne», *OC* IV 2, p. 283.

BELLEZA Y MISTERIO

1942

Las criaturas hablan con sonidos. La palabra de Dios es silencio. La palabra secreta de amor de Dios no puede ser otra cosa que el silencio. Cristo es el silencio de Dios.

No hay árbol como la Cruz,[56] ni armonía comparable al silencio de Dios. Los pitagóricos captaban esa armonía en el silencio sin fondo que envuelve eternamente las estrellas. La necesidad, aquí abajo, es la vibración del silencio de Dios.

Nuestra alma hace ruido constantemente, pero hay

56. Weil hace referencia a la octava estrofa del himno «Pange Lingua», usado habitualmente en la liturgia católica del Viernes Santo.

en ella un punto que es silencio y que nunca percibimos. Cuando el silencio de Dios entra en nuestra alma, la atraviesa y se reúne con ese silencio que se encuentra secretamente presente en nosotros, a partir de ese momento tenemos en Dios nuestro tesoro y nuestro corazón; y el espacio se abre ante nosotros como un fruto que se parte en dos, porque vemos el universo desde un punto situado fuera del espacio. Hay solo dos vías para esa operación, y no más. Solo hay dos puntas suficientemente afiladas para entrar de ese modo en nuestra alma: la desdicha y la belleza.[57]

Lo bello absoluto es algo tan concreto como los objetos sensibles, algo que vemos, aunque sea mediante la visión sobrenatural. Después de una larga preparación espiritual, accedemos a esa visión por una especie de revelación, de desgarramiento. «De golpe percibirá una especie milagrosa de lo bello».[58] Es la descripción de una experiencia mística. Esa belleza no se modifica

57. «L'amour de Dieu et le malheur», *OC* IV 1, p. 373.
58. Platón, *El banquete*, 210e, según la traducción weiliana. Marcos Martínez traduce, en la edición de Gredos: «descubrirá de repente [...] algo maravillosamente bello por naturaleza», Platón, *Diálogos* I, Madrid: Gredos, 2011.

cuando las cosas bellas nacen o perecen, aunque sean bellas únicamente porque participan de esa belleza. Aquí se encuentra el consuelo supremo de todo mal. Ningún mal puede hacer mal a Dios. Quien ve lo bello absoluto por el único órgano que puede verlo, es decir, por el amor sobrenatural, guarda su tesoro y su corazón fuera del alcance de todo mal.[59]

〜⊃०८〜

La belleza es un misterio; es lo más misterioso de aquí abajo. Pero es un hecho […].

Hablando en propiedad, solo hay una belleza aquí abajo, la belleza del mundo. Las otras bellezas son solo sus reflejos, fieles y puros en unos casos, deformes y embrutecidos en otros, o incluso diabólicamente pervertidos.

El mundo es, de hecho, bello. Cuando estamos solos en plena naturaleza y dispuestos para la atención, algo nos lleva a amar lo que nos rodea, que no está hecho, sin embargo, de otra cosa que de materia brutal, inerte, muda y sorda. Y la belleza nos conmueve más vivamente cuando la necesidad aparece de un modo más evidente, por ejemplo, en los pliegues que la gravedad imprime a las montañas o a

59. «Intuitions pré-chrétiennes», *OC* IV 2, p. 226.

las olas del mar, o en el curso de los astros. También en la matemática pura la belleza resplandece en la necesidad.

La esencia misma del sentimiento de la belleza es, sin duda, el sentimiento de que esa necesidad que tiene la coacción brutal como una de sus caras, tiene otra cara que es obediencia a Dios. Por el efecto de una misericordia providencial, esa verdad ha sido hecha sensible para la parte carnal del alma, e incluso, de algún modo, para nuestro cuerpo.[60]

64 Los misterios de la fe no son un objeto de la inteligencia, entendida como la facultad que permite afirmar o negar. No pertenecen al ámbito de la verdad, sino que se encuentran en un plano superior. La única parte del alma humana capaz de un contacto real con esos misterios es la facultad del amor sobrenatural. Por tanto, solo ella puede adherirse a ellos.

El papel del resto de facultades del alma, empezando por la inteligencia, consiste únicamente en reconocer que aquello con lo que el amor sobrenatural entra en contacto son realidades, que esas realidades

60. «À propos de la doctrine pythagoricienne», *OC* IV 2, pp. 283-284.

son superiores a sus objetos propios, y guardar silencio cuando el amor sobrenatural se despierta de modo actual en el alma [...].

Del mismo modo, cuando prestamos verdaderamente atención a una música perfectamente bella (y lo mismo para la arquitectura, la pintura, etc.), la inteligencia no encuentra allí nada que pueda afirmar o negar. Pero todas las facultades del alma, incluida la inteligencia, guardan silencio y se quedan suspendidas en la audición. La audición se aplica a un objeto incomprensible, pero que contiene realidad y bien. Y la inteligencia, aunque no pueda captar ninguna verdad, encuentra allí un alimento.

Creo que el misterio de lo bello en la naturaleza y en las artes (únicamente en el arte de riguroso primer orden, perfecto o casi perfecto) es un reflejo sensible del misterio de la fe.[61]

1943

Por una disposición eterna de la Providencia, todo lo que un hombre produce en cualquier ámbito dominado por el espíritu de la justicia y de la verdad aparece revestido con el resplandor de la belleza.

Aquí abajo, la belleza es el misterio supremo. Es

61. «Lettre à un religieux», *OC* V 1, pp. 183-184.

un resplandor que solicita la atención, pero no le proporciona ningún móvil que le permita mantenerse. La belleza promete siempre y nunca da nada; provoca un hambre, pero no hay en ella ningún alimento para la parte del alma que intenta saciarse aquí abajo; solo tiene alimento para la parte del alma que contempla. Suscita el deseo, y hace sentir claramente que no hay en ella nada que desear, porque lo que queremos, ante todo, es que nada en ella cambie. Si no buscamos pretextos para escapar del delicioso tormento que nos inflige, el deseo se transforma poco a poco en amor, y se forma un germen de la facultad de atención gratuita y pura [...].

Todo lo que procede del amor puro es iluminado por el resplandor de la belleza.[62]

62. «La personne et le sacré», *OC* V 1, pp. 231-232.

BELLEZA Y VERDAD

1943

En nuestra época, en la que de un modo extraño los escritores y los científicos han ocupado el puesto de los sacerdotes, todo el mundo reconoce, con una satisfacción no fundada en la razón, que las facultades artísticas y científicas son sagradas […]. Cuando alguien cree que debe exponer un motivo, alega que el juego de esas facultades se encuentra entre las formas más altas de realización de la persona humana […]. El canto gregoriano, las iglesias románicas, la *Ilíada* o la invención de la geometría no fueron, para los seres a través de los cuales esas cosas pasaron para llegar hasta nosotros, ocasiones de realización personal.

La ciencia, el arte, la literatura o la filosofía que son únicamente formas de realización personal constituyen un ámbito en el que se realizan hazañas brillantes, gloriosas, que hacen que algunos nombres sobrevivan durante miles de años. Pero por encima de ese ámbito, muy por encima, separado de él por un abismo, hay otro ámbito en el que se encuentran las cosas de riguroso primer orden. Esas cosas son esencialmente anónimas [...]. La verdad y la belleza habitan en ese ámbito de cosas impersonales y anónimas. Es ese ámbito el que es sagrado. El otro no lo es [...]. Lo que es sagrado en la ciencia es la verdad. Lo que es sagrado en el arte es la belleza. La verdad y la belleza son impersonales.[63]

Excepto en épocas recientes y en algunos lugares de Europa, la religión ha desempeñado siempre y en todos los países un rol dominante en el desarrollo de la cultura, el pensamiento y la civilización humana. Una enseñanza en la que no se hable nunca de religión es una absurdidad [...].

Se hablaría del dogma como de algo que ha desempeñado un rol de primera importancia en nuestros países, y en lo que hombres de primerísimo valor han

63. «La personne et le sacré», *OC* V 1, pp. 216-217.

creído con toda su alma; tampoco habría motivo para disimular que ha servido de pretexto para una gran cantidad de crueldades, pero, por encima de todo, se procuraría que los niños pudieran sentir la belleza que contiene. Si piden: «¿Es verdad?», hay que responder: «Eso es tan bello que contiene con certeza mucha verdad. Cuando seáis mayores, intentad ser capaces de advertir si es o no absolutamente verdadero» [...]. El contacto con la belleza cristiana, presentada simplemente como una belleza a saborear, impregnaría poco a poco de espiritualidad la masa del país, si el país es aún capaz de ello, con mayor eficacia que cualquier enseñanza dogmática de las creencias religiosas. La palabra «belleza» no implica en ningún caso que haya que considerar las cosas religiosas como lo hacen los estetas [...]. La belleza es algo que se come; es un alimento.[64]

Hoy en día, el espíritu de verdad está casi ausente tanto de la religión como de la ciencia y de todo el pensamiento. De ahí provienen enteramente los males atroces en medio de los cuales nos debatimos, sin

64. «L'Enracinement», *OC* V 2, pp. 185-186.

experimentar siquiera toda su trágica profundidad
[…].

El remedio consiste en hacer que el espíritu de verdad vuelva a descender hasta nosotros; y en primer lugar en la religión y en la ciencia, cosa que exige que se reconcilien.

El espíritu de verdad puede residir en la ciencia a condición de que el móvil del científico sea el amor del objeto que constituye la materia de su estudio. Ese objeto es el universo en el que vivimos. ¿Qué podríamos amar en él, aparte de la belleza? La verdadera definición de la ciencia es que es el estudio de la belleza del mundo.

Eso es evidente desde el momento en el que pensamos en ello. La materia o la fuerza ciega no son el objeto de la ciencia. El pensamiento no puede alcanzarlas; huyen ante él. El pensamiento del científico solo alcanza las relaciones que encierran la materia y la fuerza en una red invisible, impalpable e inalterable de orden y armonía. «Amplia es la red del cielo —dice Lao-Tsé— sus mallas son anchas, pero nada puede atravesarla».[65] [66]

---

65. Lao-Tsé, *Tao Te Ching*, 73.
66. «L'Enracinement», *OC* V 2, p. 326.

Los poderes que Cristo ejercía no constituían una prueba, sino un eslabón en el encadenamiento de una demostración. Eran el signo indudable de que Cristo estaba situado fuera de la humanidad ordinaria, entre aquellos que se han entregado enteramente al mal o al bien. No indicaban a cuál de los dos. Pero era fácil saberlo por la perfección manifiesta de Cristo, la pureza de su vida, la belleza perfecta de sus palabras y el hecho de que usaba sus poderes únicamente para actos de compasión. De ahí se seguiría solamente que era un santo. Pero cuando los que estaban seguros de que era un santo le escuchaban decir que él era el hijo de Dios, podían dudar sobre el significado de esas palabras, pero se veían obligados a creer que contenían una verdad. Porque un santo, cuando dice cosas parecidas, no puede ni mentir ni equivocarse. También nosotros nos vemos obligados a creer todo lo que dijo Cristo, excepto en aquellos lugares en los que podemos suponer una mala transcripción; y quien proporciona fuerza probatoria es la belleza. Cuando lo que está en cuestión es el bien, la belleza es una prueba rigurosa y cierta; e incluso se podría decir que no puede existir ninguna otra. Es absolutamente imposible que exista otra.[67]

67. «L'Enracinement», *OC* V 2, p. 333.

BELLEZA Y FRAGILIDAD

1943

En la pobreza hay una poesía que no puede compararse con ninguna otra. Es la poesía que emana de la carne miserable contemplada en la verdad de su miseria. El espectáculo de las flores de cerezo, en primavera, no nos tocaría el corazón como lo hace si su fragilidad no fuera tan sensible. En general, una de las condiciones de la extrema belleza es el hecho de ser casi ausente, ya sea por la distancia o por la debilidad. Los astros son inmutables, pero muy lejanos; las flores blancas se encuentran ahí, pero ya casi destruidas. Del mismo modo, el hombre solo puede amar a Dios con un amor puro si lo concibe como existiendo fuera del mundo, en los cielos; o bien presente en la tierra como los hombres, pero débil, humillado y muerto; o, más aún, lo que constituye un grado de ausencia aún mayor, presente como un minúsculo trozo de materia destinado a ser comido.[68]

La condición humana, es decir, la dependencia de un pensamiento soberano, capaz de concebir y de amar este mundo y el otro, convertido en esclavo de un trozo de carne que está él mismo sometido a todas las acciones exteriores: eso es bello. Que haya belleza en ello es infinitamente misterioso. Pero, de hecho, es así. En el arte, todo lo que evoca la miseria humana en su verdad es infinitamente bello y conmovedor.

La riqueza aniquila esa belleza, no por el hecho de que aporte un remedio para la miseria de la carne y del alma sometida a la carne —pues no se nos ha dado ningún remedio aquí abajo—, sino porque disimula esa miseria con una mentira. Lo que mata la poesía es la mentira que contiene la riqueza. Es por ese motivo que los ricos necesitan poseer el lujo como sucedáneo. Desde el momento en el que se arrebataron a los pobres los bienes de la pobreza, también ellos tienen necesidad de lujo. La única diferencia es que no lo poseen.

68. «Fragments sur l'argent», *OC* V 2, p. 384.

Un pequeño restaurante en el que se devoran comidas sencillas por unas monedas está repleto de poesía hasta desbordar. Porque es verdaderamente un refugio contra el hambre, el frío, el agotamiento; se encuentra en el límite, como un puesto fronterizo. Esa poesía ya no se encuentra en absoluto en un restaurante medio, en el que nada recuerda la posibilidad de que los hombres pasen hambre.[69]

San Francisco despreció la riqueza a causa de la mentira que conlleva. No buscó el dolor en la pobreza, sino la verdad y la belleza. Buscaba la poesía del contacto verdadero, conforme a la verdad de la situación humana, con este universo en el que se nos ha puesto. Amar la poesía de la pobreza no supone ningún obstáculo para la compasión hacia los pobres. Al contrario, porque la compasión se encuentra en la raíz de esta poesía. Las obras de compasión no disminuyen, sino que aumentan con ella. El amor de la pobreza no es nada ascético; recoge y saborea en su plenitud todas las alegrías, todos los placeres que se ofrecen. San Francisco fue feliz, con una felicidad perfectamente pura, el día en el que su compañero le

69. «Fragments sur l'argent», *OC* V 2, pp. 384-385.

trajo varios panes enteros que le habían dado como limosna, cuando se pusieron a comer cerca de una fuente de aguas claras, encima de una piedra grande y plana, bajo un bello sol.[70] Con más razón aún el amor de la pobreza inclina a aliviar los sufrimientos de los demás, a darles alegrías. Es incluso una condición para que esa inclinación sea completa.[71]

Ese sentimiento de ternura desgarradora por algo bello, precioso, frágil y perecedero tiene un calor distinto al del sentimiento de la grandeza nacional. Está cargado de una energía perfectamente pura. Es muy intensa. ¿No es un hombre fácilmente capaz de heroísmo para proteger a sus hijos, o a sus viejos padres, que sin embargo no llevan asociado ningún prestigio de grandeza? Un amor perfectamente puro de la patria es afín a los sentimientos que inspiran a un hombre sus hijos pequeños, sus viejos padres, una mujer amada. La idea de la debilidad puede inflamar el amor como puede hacerlo la idea de la fuerza, pero

70. Weil cita el capítulo XIII de las «Florecillas de San Francisco». Se encuentran traducidas al castellano en *San Francisco de Asís, Escritos. Biografías. Documentos de la época (1998)*, Madrid: BAC, pp. 795-930.

71. «Fragments sur l'argent», *OC* V 2, p. 385.

se trata de una llama de una pureza muy distinta. La compasión por la debilidad está siempre relacionada con el amor por la verdadera belleza, porque sentimos intensamente que las cosas verdaderamente bellas deberían tener asegurada una existencia eterna, y no la tienen.

Podemos amar a Francia por la gloria que parece asegurarle una existencia extendida a lo lejos en el tiempo y en el espacio. O podemos amarla como algo que, siendo terrestre, puede ser destruido, y cuyo valor es, por ese mismo hecho, mucho más sensible.[72]

72. «L'Enracinement», *OC* V 2, p. 251.

BELLEZA Y MORAL

1926

Nunca decimos que un templo sea moral, mientras que decimos que una acción es bella. Consideremos, pues, una acción bella. No hay acción admirada de forma más universal que la de Alejandro, cuando, sufriendo por la sed, rodeado de su ejército, al que hacía pasar por un desierto, vertió al suelo un poco de agua que un soldado le había traído en un casco[73] […]. Cuando estaba ante su ejército, su felicidad, si hubiera bebido, lo hubiera separado de sus soldados […]; la unión se hubiera roto, y no hubiera habido belleza, de modo que el acto de derramar el agua aparece como una libación a la sociedad […]. Todo santo

73. Plutarco, *Vida de Alejandro*, XLII, 7-10.

ha vertido agua; todo santo ha rechazado cualquier felicidad que lo separaría de los sufrimientos de los hombres. El bien es, pues, el movimiento por el que renunciamos a nosotros mismos como individuos, es decir, como animales, para afirmarnos como hombres, es decir, como partícipes de Dios. Pero el bien solo es posible si pensamos que Dios, que es la humanidad, es decir, el espíritu humano, está presente en todas nuestras victorias y se esfuerza en nosotros [...]. Por la continua presencia del Espíritu en nosotros, cada uno de nuestros movimientos es ceremonia; eso es lo que hace que lo justo sea bello. En la medida en que actuamos, es decir, que somos libres e iguales a Dios, lo bello y lo bueno son uno. Detrás de la caverna, lo bello y lo bueno son uno.[74]

Solo reconozco que el templo es bello por el pensamiento: no soy eso; porque ser uno con la armonía que veo en él es ciertamente el primer momento del sentimiento estético, pero ese primer momento es sueño. Decir «Yo no soy eso» es establecer el templo como perfecto en sí sin mí: es decir, establecerlo como bello. Así pues, por un lado, lo bello nos invita

74. «Le Beau et le Bien», *OC* I, pp. 67, 70-71.

a ser libres; y, por el hecho de que nos rechaza, nos invita a rechazarlo. Pero, por otro lado, solo vemos lo bello como bello por la acción de separarnos de él. Rechazamos el templo; y esto nos enseña a rechazar todo objeto, a rechazar el objeto en nosotros, es decir, nuestras pasiones, nuestros sentimientos y nuestras ideas. Por ese acto nuestra vida llega a ser bella y símbolo de Dios, y también nuestras pasiones mismas, e incluso nuestros pecados, como ha percibido con fuerza el catolicismo. Es por eso por lo que el hombre que no siente sus propias pasiones como bellas, duerme [...]. En Dios, lo bello y lo bueno son una sola y la misma cosa. En nuestro universo se oponen como el objeto al sujeto. Pero la acción es afirmación de Dios; en la acción lo bello y lo bueno son uno; porque es mediante el mismo movimiento que nos separamos de la cosa y hacemos de ella el objeto, es decir, lo bello. Y eso es lo mismo que percibir.[75]

1942

Trasladamos parte del mal que reside en nosotros a los objetos de nuestra atención y nuestro deseo. Y ellos nos lo retornan como si ese mal viniera de ellos. Es por eso por lo que los lugares en los que nos encontramos

75. «Le Beau et le Bien», *OC* I, pp. 72-73.

sumergidos en el mal se nos tornan odiosos y repugnantes. Nos parece que esos mismos lugares nos aprisionan en el mal. Por eso los enfermos acaban odiando su habitación y su entorno, incluso si ese entorno está constituido por seres amados; es por este motivo que los obreros en ocasiones acaban odiando su fábrica, etc. Pero si, mediante la atención y el deseo, trasladamos una parte de nuestro mal a una cosa perfectamente pura, ella no puede embrutecerse; continúa siendo pura, no nos retorna ese mal, y, de este modo, nos libra de él [...]. Las únicas cosas perfectamente puras de aquí abajo son los objetos y los textos sagrados, la belleza de la naturaleza —si la contemplamos por ella misma y no para meter en ella nuestras fantasías—, y, en menor grado, los seres humanos en los que habita Dios y las obras de arte surgidas de una inspiración divina.

Lo que es perfectamente puro solo puede ser Dios presente aquí abajo. Si fuera algo distinto de Dios, no sería puro. Si Dios no estuviera presente, nunca podríamos ser salvados. Cuando se produce tal contacto con la pureza, todo el mal que hay en el alma se convierte en amor por la pureza divina. María Magdalena y el buen ladrón fueron, en ese sentido, privilegiados del amor.[76]

76. «Pensées sans ordre concernant l'amour de Dieu», *OC* IV 1, p. 281-282.

Vaciarse de la falsa divinidad, negarse a sí mismo, renunciar a ser imaginariamente el centro del mundo, reconocer que todos los puntos del mundo tienen el mismo derecho a ser centros, y que el verdadero centro se encuentra fuera del mundo, es consentir al reino de la necesidad mecánica en la materia y al del libre arbitrio en el centro de cada alma. Ese consentimiento es amor. Cuando se dirige a las personas pensantes, la cara de ese amor es caridad hacia el prójimo; dirigido hacia la materia, es amor del orden del mundo, o, lo que es lo mismo, amor de la belleza del mundo.[77]

La imitación de la belleza del mundo, la respuesta a la ausencia de finalidad, de intención, de discriminación, es la ausencia de intención en nosotros, la renuncia a la voluntad propia. Ser perfectamente obedientes es ser perfectos como nuestro Padre celestial es perfecto. Entre los hombres, un esclavo no se hace semejante a su amo obedeciéndolo. Al contrario, cuanto más se le somete, mayor es la distancia entre él y el que manda. Pero entre el hombre y Dios las cosas son distintas.

77. «Formes de l'amour implicite de Dieu», *OC* IV 1, p. 300.

Una criatura razonable deviene en mayor medida la imagen perfecta del Todopoderoso, como le corresponde, cuando es absolutamente obediente. Lo que en el hombre es la imagen misma de Dios es algo en nosotros que está relacionado con el hecho de ser una persona, pero no es ese hecho mismo. Es la facultad de renunciar a la persona. Es la obediencia. Siempre que un hombre se eleva a un grado de excelencia tal que se convierte, por participación, en un ser divino, aparece en él algo de impersonal, de anónimo. Su voz queda envuelta de silencio. Esto se hace evidente en las grandes obras del arte y del pensamiento, en las grandes acciones de los santos y en sus palabras.[78]

Es justamente porque la renuncia a ser una persona hace del hombre un reflejo de Dios que es tan horrible reducir los seres humanos al estado de materia inerte arrojándolos a la desdicha. Privándolos de la cualidad de persona humana, los privamos también de la posibilidad de renunciar a ella, excepto en aquellos que ya están suficientemente preparados. Así como Dios ha creado nuestra autonomía para que tenga-

78. «Formes de l'amour implicite de Dieu», *OC* IV 1, pp. 312-313.

mos la posibilidad de renunciar a ella por amor, por la misma razón tenemos que desear la conservación de la autonomía en nuestros semejantes. Quien es perfectamente obediente contempla la facultad de libre elección de los hombres como algo infinitamente valioso.

Por esta razón, no hay contradicción entre el amor de la belleza del mundo y la compasión. Ese amor no impide sufrir por uno mismo cuando se es desdichado. Tampoco impide que suframos por el hecho de que otros son desdichados. Se encuentra en un plano distinto de aquel en el que se encuentra el sufrimiento.[79]

La parte natural del alma de aquellos que aman a Dios, incluso la de aquellos que son perfectos, está siempre enteramente sometida a la necesidad mecánica. Pero la presencia del amor sobrenatural en el alma constituye un nuevo factor en el mecanismo y lo transforma.

Somos como náufragos abrazados a maderos en el mar, arrastrados de forma completamente pasiva por todos los movimientos de las olas. Desde lo alto del

79. «Formes de l'amour implicite de Dieu», *OC* IV 1, p. 313.

cielo, Dios lanza una cuerda para cada uno de nosotros. Quien coge la cuerda y no la suelta a pesar del
dolor y el miedo continúa sometido a la presión de las
olas como todos los demás; pero ahora esa presión se
combina con la tensión de la cuerda para formar un
conjunto mecánico distinto.

De ese modo, aunque lo sobrenatural no desciende
hasta el ámbito de la naturaleza, esa naturaleza es
transformada por la presencia de lo sobrenatural. La
virtud, común a todos los que aman a Dios, y los
milagros más sorprendentes de algunos santos se ex-
plican de modo semejante por esa influencia, que es
tan misteriosa como la belleza y de la misma especie.
Una y otra son un reflejo de lo sobrenatural en la

naturaleza.[80]

80. «À propos de la doctrine pythagoricienne», *OC* IV 2, p. 287.

LA BELLEZA Y LA CIVILIZACIÓN OCCIDENTAL

1942

Hoy se podría creer que la raza blanca ha casi perdido la sensibilidad hacia la belleza del mundo, y que ha asumido la tarea de hacerla desaparecer de todos los continentes a los que ha llevado sus armas, su comercio y su religión. Como les decía Cristo a los fariseos: «¡Ay de vosotros! Habéis robado la llave del conocimiento; vosotros no entráis ni dejáis entrar a los otros».[81]

Y, sin embargo, en nuestra época, en los países de raza blanca, la belleza del mundo es casi la única vía por la que podemos dejar entrar a Dios. Porque esta-

---

81. Lc 11,52.

mos aún más lejos de las otras dos. El amor y respeto verdaderos hacia las prácticas religiosas son raros incluso entre los que son asiduos a ellas, y casi nunca se encuentran entre los otros. La mayoría ni siquiera concibe su posibilidad. En lo que respecta al uso sobrenatural de la desdicha, la compasión y la gratitud, no es solamente raro, sino que se ha convertido hoy en día en algo casi ininteligible para todo el mundo. La idea misma ha casi desaparecido; el significado mismo de las palabras se ha convertido en algo bajo.

Por el contrario, el sentimiento de lo bello, aunque mutilado, deforme y embrutecido, permanece irreductiblemente en el corazón del hombre como un móvil poderoso. Está presente en todas las preocupaciones de la vida profana. Si se convirtiera en algo auténtico y puro, llevaría como un bloque toda la vida profana a los pies de Dios, haría posible la encarnación total de la fe.

Por otro lado, de un modo general, la belleza del mundo es la vía más común, la más fácil, la más natural.[82]

En la antigüedad, el amor de la belleza del mundo ocupaba un lugar importante en el pensamiento y

82. «Formes de l'amour implicite de Dieu», *OC* IV i, pp. 301-302.

envolvía la vida entera en una poesía maravillosa. Así fue en todos los pueblos, en China, en la India, en Grecia. El estoicismo griego, que fue algo maravilloso, infinitamente próximo al cristianismo primitivo, sobre todo al pensamiento de san Juan, estaba constituido casi exclusivamente de amor de la belleza del mundo. En lo que respecta a Israel, algunos lugares del Antiguo Testamento —en los salmos, en el libro de Job, en Isaías, en los libros sapienciales— contienen una expresión incomparable de la belleza del mundo.

El ejemplo de san Francisco muestra el lugar que la belleza del mundo puede ocupar en un pensamiento cristiano. No solo su poema es poesía perfecta,[83] sino que toda su vida fue poesía perfecta en acción. La elección de lugares para retiros solitarios o para la fundación de conventos, por ejemplo, era en ella misma la más bella poesía en acto. El vagabundeo y la pobreza eran en él poesía; se desnudó para estar en contacto directo con la belleza del mundo.

En san Juan de la Cruz también encontramos algunos bellos versos sobre la belleza del mundo. Pero de un modo general, con las reservas convenientes en relación con los tesoros desconocidos o poco conocidos, quizás enterrados entre las cosas olvidadas

83. Weil se refiere al poema conocido como «Cántico de las criaturas» o «Cántico del hermano sol».

de la Edad Media, podemos decir que la belleza del mundo está casi ausente en la tradición cristiana. Es algo raro. Su causa es difícil de comprender. Es una laguna terrible. ¿Cómo podría tener el cristianismo el derecho de llamarse católico, si le falta el universo mismo?[84]

1943

El genio de Francia reside únicamente en lo que es puro.

Se tiene toda la razón cuando se dice que es un genio cristiano y helénico. Por eso sería legítimo que, en la educación y en la cultura de los franceses, se reservara a las cosas específicamente francesas una parte menor que la reservada al arte románico, al canto gregoriano, a la poesía litúrgica y al arte, la poesía y la prosa de los griegos de la buena época. De allí podemos beber a raudales belleza absolutamente pura en todos los sentidos.

Es una lástima que el griego sea considerado como una materia de erudición para especialistas. Si dejáramos de subordinar el estudio del griego al del latín, y si quisiéramos únicamente que los niños llegaran a ser capaces de leer fácilmente y con placer un texto

84. «Formes de l'amour implicite de Dieu», *OC* IV 1, pp. 300-301.

griego sencillo, con una traducción al lado, podríamos difundir ampliamente un conocimiento elemental del griego incluso fuera de la secundaria. Todo niño un poco bien dotado podría entrar en contacto directo con la civilización de la que hemos extraído las nociones mismas de belleza, verdad y justicia.[85]

85. «L'Enracinement», *OC* V 2, pp. 302-303.

APERTURAS A LA BELLEZA DEL MUNDO

1942

Excepto Dios, solo el universo entero puede ser llamado bello con propiedad. Todo lo que está en el universo y es menor que el universo mismo puede ser llamado bello únicamente extendiendo la palabra más allá de su significado riguroso, aplicándola a las cosas que participan indirectamente de la belleza, que son sus imitaciones. Todas estas bellezas secundarias tienen un valor infinito como formas de apertura a la belleza universal. Ahora bien, si nos detenemos en ellas, se convierten en velos que ocultan la belleza del mundo; entonces son corruptoras. Todas ellas contienen más o menos esa tentación, en distintos grados.[86]

---

86. «Formes de l'amour implicite de Dieu», *OC* IV 1, pp. 303-304.

Todas las formas de amor carnal, desde la más alta —matrimonio verdadero o amor platónico— hasta la más baja —libertinaje—, tienen por objeto la belleza del mundo. El amor que se dirige al espectáculo de los cielos, de las llanuras, del mar, de las montañas, al silencio de la naturaleza hecho sensible por sus miles ruidos ligeros, al soplo del viento, al calor del sol, ese amor que todo ser humano presiente en algún momento, aunque solo sea vagamente, es un amor incompleto, doloroso, porque se dirige a cosas incapaces de responder, a la materia. Los hombres desean dirigir ese mismo amor hacia un ser que sea su semejante, capaz de responder al amor, de decir sí, de darse. El sentimiento de belleza que a veces aparece vinculado al aspecto de un ser humano hace posible esa transferencia, aunque de un modo ilusorio. Pero el deseo se dirige siempre hacia la belleza del mundo, la belleza universal.

Toda la literatura que envuelve el amor expresa ese tipo de transferencia, desde las metáforas y comparaciones más antiguas y gastadas de la poesía hasta los sutiles análisis de Proust.

El deseo de amar la belleza del mundo en un ser humano es esencialmente el deseo de la Encarnación. Solo cree ser otra cosa por error. Solo la Encarnación puede saciarlo. Por eso es tan erróneo reprochar a los místicos el uso de un lenguaje amoroso. Ellos son sus legítimos propietarios. Los otros solo tienen derecho a tomarlo prestado.[87]

Si el amor carnal se dirige en todos sus niveles hacia la belleza —y las excepciones son, quizás, solo aparentes— es porque la belleza, en un ser humano, lo convierte imaginariamente en algo equivalente al orden del mundo.

Es por ese motivo que los pecados en este ámbito son graves. Constituyen una ofensa a Dios por el hecho mismo de que el alma, inconscientemente, está buscando a Dios. Por otro lado, todos se reducen a uno solo, que consiste en querer prescindir más o menos del consentimiento. Querer prescindir de él absolutamente constituye, de mucho, el más horrible de todos los crímenes humanos. ¿Qué puede haber peor que no respetar el consentimiento de un ser en quien buscamos, aunque sin saberlo, un equivalente de Dios?

También es un crimen, aunque menos grave, el hecho de contentarse con un consentimiento surgido de una región baja o superficial del alma. El

87. «Formes de l'amour implicite de Dieu», *OC* IV 1, pp. 307-308.

95

intercambio de amor es ilegítimo, haya habido o no unión carnal, si el consentimiento de ambas partes no proviene de aquel punto central del alma donde el sí solo puede ser eterno. La obligación del matrimonio, que hoy en día se considera tan frecuentemente como una simple convención social, se encuentra inscrita en la naturaleza misma del pensamiento humano por la afinidad entre el amor carnal y la belleza. Todo lo que tiene relación con la belleza debe ser sustraído del paso del tiempo. La belleza es la eternidad aquí abajo.[88]

El amor de la belleza del mundo, aunque es universal, implica como amor secundario y subordinado el amor de todas las cosas verdaderamente preciosas que la mala fortuna puede destruir. Las cosas verdaderamente preciosas son las que constituyen escalones hacia la belleza del mundo, aperturas hacia ella. Quien ha ido más lejos, hasta la belleza del mundo misma, no las ama menos, sino mucho más que antes.

Entre ellas se encuentran los resultados puros y auténticos del arte y de la ciencia. De un modo mu-

88. «Formes de l'amour implicite de Dieu», *OC* IV 1, pp. 308-309.

cho más general, también se encuentra todo lo que envuelve la vida humana en poesía a través de todas las capas sociales. Todo ser humano está arraigado aquí abajo por una cierta poesía terrestre, reflejo de la luz celestial, que constituye su vínculo, percibido de un modo más o menos vago, con su patria universal. El desarraigo es la desdicha.

Son las ciudades humanas las que, en primer lugar, envuelven la vida de sus habitantes en poesía, cada una según su grado de perfección. Son imágenes y reflejos de la ciudad del mundo. Por otro lado, son imágenes tanto más deformes y embrutecidas cuanto más adquieren la forma de nación, cuanto más pretenden convertirse ellas mismas en patrias. Pero destruir ciudades, ya sea material o moralmente, o excluir algunos seres humanos de la ciudad arrojándolos entre los desechos sociales, implica cortar todo vínculo de poesía y de amor entre las almas humanas y el universo. Significa hundirlas por la fuerza en el horror y la fealdad. No existen crímenes mucho peores que este. Todos nosotros somos cómplices de una cantidad casi innumerable de crímenes semejantes. Si pudiéramos únicamente comprenderlo, todos deberíamos llorar lágrimas de sangre por ello.[89]

97

89. «Formes de l'amour implicite de Dieu», *OC* IV 1, pp. 313-314.

Sería un error creer que la sensibilidad hacia la belleza es el privilegio de un pequeño número de personas cultas. Al contrario, la belleza es el único valor reconocido de forma universal. La gente del pueblo utiliza constantemente el término «bello» o algún sinónimo para alabar no solo una ciudad, un país o una región, sino también las cosas más imprevistas, como, por ejemplo, una máquina. El mal gusto general hace que en muchas ocasiones los hombres, cultos o incultos, apliquen mal esos términos; pero esa es otra cuestión. Lo esencial es que la palabra «belleza» habla a todos los corazones.[90]

En la obra de Platón *El banquete* también encontramos un cuadro de todas las etapas del alma hacia la salvación. En ese caso se trata de la salvación por la belleza.

Diotima empieza exponiendo la teoría del amor carnal como deseo de engendrar en la belleza con vistas a la inmortalidad. La generación es lo que hay de indestructible en la vida animal. El deseo de eter-

90. «Intuitions pré-chrétiennes», *OC* IV 2, p. 178.

nidad que se encuentra en nosotros yerra y se dirige en un primer momento hacia esa imagen material de la eternidad. Por una relación misteriosa que Platón no pretende explicar aquí, el deseo de generación es suscitado por la belleza. La belleza carnal, pues, se trata de generación carnal. Paralelamente, en aquellos que son capaces de ello, la belleza espiritual suscita un deseo de generación espiritual; entonces el amor hace que nazcan virtudes, conocimientos, obras del espíritu [...].

Las etapas del progreso del alma aquí descritas llevan desde la contemplación de la belleza física en un ser a la contemplación de la belleza física en cualquier parte donde se encuentre; de allí a la belleza de las almas; de allí a la belleza en las leyes y las instituciones; de allí a la belleza de las ciencias, y de allí llegamos a la plenitud del amor, a la contemplación de la belleza misma.⁹¹

El orden de las etapas enumeradas por Platón puede resultar sorprendente. Pasa de la belleza sensible a la belleza de las almas; es decir, la belleza

91. «Intuitions pré-chrétiennes», *OC* IV 2, p. 222.

moral, el resplandor de la virtud. Cuando queremos alabar una acción que nos ha conmovido de verdad, no decimos «es buena», sino «es bella», y si los santos nos atraen es porque percibimos belleza en ellos. La virtud solo nos conmueve porque es bella. La analogía entre esa belleza y la belleza sensible es muy misteriosa. El secreto de ambas consiste en un equilibrio imposible de definir. Las leyes y las instituciones implican otro equilibrio que se encuentra como en la intersección de la virtud y la necesidad natural [...]. En todo caso, la noción pitagórica de armonía como unión de los contrarios y la combinación de lo que limita y lo que es ilimitado deben dominar estos tres estudios sucesivos. Por lo que respecta a la belleza en las ciencias, no es otra que la belleza del orden del mundo; el orden del mundo captado a través de la más rigurosa necesidad, la que constituye la materia de la demostración matemática; porque lo que Platón llama ciencias son la matemática pura y la aplicada. No es sorprendente que esa sea la última etapa. Quien contempla con amor el orden del mundo llegará algún día al momento en el que, de golpe, contemplará otra cosa, una especie milagrosa de lo bello.[92] [93]

---

92. Platón, *El banquete*, 210e. Véase la nota 58.
93. «Intuitions pré-chrétiennes», *OC* IV 2, pp. 226-227.

Platón dice que aquí abajo vemos la belleza misma.[94] En sus términos, eso quiere decir que la Idea misma de lo bello, la Belleza divina misma, es accesible a los sentidos humanos. Pero unas líneas más abajo, hablando de la turbación causada por la belleza de un ser humano, dice que esa belleza tiene el mismo nombre que lo bello en sí. De modo que no es lo bello en sí. Aquello que constituye la belleza misma de Dios hecha sensible es la belleza del mundo, como muestra el *Timeo*. La belleza de una mujer joven o de un adolescente tiene únicamente el mismo nombre.

La belleza del mundo es la belleza misma de Dios, como la belleza del cuerpo de un ser humano es la belleza misma de ese ser.

Pero la sabiduría, la justicia y los otros atributos divinos no pueden aparecer en el mundo, sino únicamente en un ser humano que fuera al mismo tiempo Dios.[95]

94. Weil está comentando un fragmento del *Fedro* de Platón, 249e-250d.
95. «Intuitions pré-chrétiennes», *OC* IV 2, p. 230.

1943[96]

He tenido otra sorpresa: ver de qué modo —creo que desde bastante tiempo antes de la guerra— vuestro rincón del mundo ha influenciado el gusto de aquí. Les han cogido el gusto a las mezclas, especialmente a las mezclas químicas. Esto se percibe sobre todo en las bebidas, pero también en la comida (*jellies* en gelatina, salsas químicas, etc.). Le pregunté a una inglesa si la *apple sauce* se come aquí solo con pollo y cerdo, o si también se come como postre. Me respondió: «Pocas veces, y entonces la mezclamos con mermelada».

Según mi opinión, un cambio en las costumbres alimenticias es un suceso de primera importancia para el progreso o la decadencia de la verdadera cultura.

El sabor puro de la manzana constituye un contacto con la belleza del universo del mismo modo que lo constituye la contemplación de un cuadro de Cézanne. (Darling M.,[97] ¿te acuerdas del soneto en el que Rilke trata de expresar algo parecido?). Y hay más gente capaz de saborear una compota de manzana que de contemplar Cézanne. Al menos eso es lo que se suele creer. Pero hoy, en las grandes ciudades, se da más bien lo contrario.[98]

98. «Lettres à ses parents», *Écrits de Londres et dernières lettres*, París: Gallimard, 1957, pp. 240-241.

BELLEZA Y CIENCIA

1933-1934

Sentido del famoso pasaje del *Gorgias* sobre la geo- metría («tú olvidas...»[99]). No es posible ningún desarrollo *ilimitado* en la naturaleza de las cosas; el mundo (¡*κόσμος*!) reposa enteramente en la *medida* y el *equilibrio* (por tanto, «la igualdad geométrica»),

99. Platón, *Gorgias*, 507e-508a: «Dicen los sabios, Calicles, que al cielo, a la tierra, a los dioses y a los hombres los gobiernan la convivencia, la amistad, el buen orden, la moderación y la justicia, y por esta razón, amigo, llaman a este conjunto cosmos (orden) y no desorden y desenfreno. Me parece que tu no fijas la atención en estas cosas, aunque eres sabio. No adviertes que la igualdad geométrica tiene mucha importancia entre los dioses y entre los hombres; piensas, por lo contrario, que es preciso fomentar la ambición, porque descuidas la geometría». Traducción de Julio Calonge en Platón, *Diálogos* I, Madrid: Gredos, 2011.

y, por ese motivo, ocurre lo mismo en la ciudad. Toda acción es «desmesura».

Filebo: Los antiguos decían que el mundo es un tejido formado por el límite y lo ilimitado.[100] Es en función de esta idea que podemos aproximar la *ciencia* y el *arte*, «idea» de lo bello.[101]

1940-1941

Poder y ciencia. Comprendemos a Arquímedes. Cuando combinaba nociones matemáticas, buscaba aparentemente, como lo habían hecho los pitagóricos y los amigos de Platón, una belleza y una imagen del bien; se guardó para sí mismo el poder que, por añadidura, sus investigaciones le proporcionaban, y lo usó cuando lo juzgó oportuno para defender su ciudad contra un conquistador bárbaro. Nuestros sabios hacen lo contrario.[102]

100. Platón, *Filebo*, 16c.
101. *OC* VI 1, p. 86.
102. *OC* VI 1, p. 207.

1941

Principio de la ciencia occidental: ausencia de jerarquía. El sufí (por ejemplo) y el idiota se encuentran en la misma necesidad de levantarse y caminar para coger una silla y ponerla delante de la mesa. Esta necesidad es la que la ciencia toma como objeto de sus investigaciones; por grande que sea su desarrollo, no estudia otra cosa. Representación del universo, pero no completa. Porque en ciertos casos la materia —puesto que el cuerpo es materia— obedece al sabio de un modo en el que no obedece al idiota. Por otro lado, en ciertos casos es bella.

Lo bello está ausente de la representación del mundo que nos proporciona la ciencia, y, sin embargo, el sabio la busca (ej. analogías).

En Grecia había unión entre lo bello y la ciencia, pero ¿en qué consistía esa unión? […].

La representación no jerárquica del mundo (ciencia) y la representación jerárquica se combinan en las grandes obras de los pintores. Frescos franciscanos de Giotto. San Francisco, el padre, el obispo, el jardinero *existen con el mismo derecho en el espacio*. Este es el significado del espacio en la pintura. El espacio vacío (que Giotto pone muchas veces en el centro, procedimiento de una potencia extraordinaria) tiene en sí mismo tanta existencia como el resto de las cosas. Pero desde otro punto de vista… y desde un tercer punto de vista, tiene aún más existencia. De donde proviene la necesidad de una composición en distintos planos (que es, quizás, la clave de todas las artes). Música. Poesía (medida).[103]

1942

El objeto de la ciencia es el estudio y la reconstrucción teórica del orden del mundo. El orden del mundo en relación con la estructura mental, psíquica y corporal del hombre; contrariamente a las ilusiones ingenuas de algunos científicos, ni el uso de telescopios y microscopios, ni el uso de las fórmulas algébricas más singulares, ni tampoco el menosprecio del principio de no-contradicción nos permiten salir de los límites de esa estructura. Por otro lado, tampoco sería deseable. El objeto de la ciencia es la presencia de nuestra hermana Sabiduría en el universo; la presencia de Cristo en la materia que constituye el mundo.

Nosotros reconstruimos una imagen del orden del mundo a partir de datos limitados, numerables, definidos rigurosamente. Concibiendo relaciones, establecemos vínculos entre esos términos que, por ser abstractos, podemos manipular. De este modo podemos contemplar en una imagen, cuya existencia

103. *OC* VI I, pp. 231-232.

depende del acto de nuestra atención, la necesidad que constituye la sustancia misma del universo, que normalmente se nos manifiesta únicamente a través de golpes.

No podemos contemplar nada sin algún grado de amor. La contemplación de esta imagen del orden del mundo constituye un determinado contacto con la belleza del mundo. La belleza del mundo es el orden del mundo amado.[104]

Esta idea del orden del mundo como objeto de contemplación y de imitación es la única que permite comprender cuál es el destino sobrenatural de la ciencia. Nada es más importante hoy en día, dado el prestigio actual de la ciencia y el lugar que ocupa incluso en el pensamiento de la gente iletrada. En todas sus ramas, desde la matemática hasta la sociología, la ciencia tiene por objeto el orden del mundo. Lo estudia únicamente bajo el aspecto de la necesidad, excluyendo rigurosamente toda consideración sobre la conveniencia o la finalidad, excepto la noción misma de orden universal. Cuanto más rigurosa, precisa, demostrativa y estrictamente científica es la

104. «Formes de l'amour implicite de Dieu», *OC* IV 1, pp. 306-307.

ciencia, tanto más evidente se hace el carácter esencialmente providencial del orden del mundo. Todo lo que nombramos el o los designios, el o los planes de la Providencia, son imaginaciones nuestras. Lo que es auténticamente providencial, lo que es la Providencia misma, es ese mismo orden del mundo que es el tejido, la trama de todos los sucesos, y que bajo una de sus caras es el mecanismo despiadado y ciego de la necesidad. Porque la sabia persuasión del Amor venció de una vez por todas la necesidad.[105] Esa sabia persuasión es la Providencia. Esa sumisión no forzada de la necesidad a la sabiduría amorosa es la belleza.[106]

La misericordia de Dios impide que la matemática se hunda en la mera técnica. Porque, cuando se cultiva la matemática únicamente en el plano técnico, no se consiguen resultados ni siquiera en ese mismo plano; nos lo demuestra la experiencia hecha en Rusia. En relación con la ciencia pura, las aplicaciones técnicas son de esas cosas que se obtienen por añadidura y que nunca encontramos si las buscamos directamente.

105. *Cf.* Platón, *Timeo*, 47e-48a.
106. «Intuitions pré-chrétiennes», *OC* IV 2, pp. 178-179.

Ese ajuste providencial ha hecho que en el corazón de nuestra civilización tan bajamente material subsista un núcleo de ciencia teórica, rigurosa y pura. Ese núcleo constituye uno de los agujeros por los que pueden penetrar el aliento y la luz de Dios. Otro de los agujeros es la desdicha. Hay que entrar por esos agujeros, y no por los espacios llenos.[107]

Es falso que la ciencia pertenezca enteramente al ámbito de la simple naturaleza. Pertenece a ese ámbito solo por sus resultados y sus aplicaciones prácticas, pero no por su inspiración; porque en la ciencia, como en el arte, toda novedad auténtica es obra del genio, y el genio verdadero es sobrenatural, a diferencia del talento. Tampoco pertenece al ámbito de la naturaleza por su acción sobre el alma, porque la ciencia confirma en la fe o aparta de ella, pero nunca le es indiferente. Si volviera a ser fiel a su origen y a su destino, el rigor demostrativo de la matemática se encontraría en la misma relación con la caridad que la técnica musical en las melodías gregorianas. Hay mayor grado de técnica musical en el canto gregoriano que en los mismos Bach y Mozart; el canto

107. «À propos de la doctrine pythagoricienne», *OC* IV 2, p. 262.

gregoriano es pura técnica y puro amor a la vez, como todo gran arte. Lo mismo debe ocurrir en la ciencia, que, como el arte, no es otra cosa que un cierto reflejo de la belleza del mundo. Eso era así en Grecia. El rigor demostrativo es la materia del arte geométrico, como la piedra es la materia de la escultura.[108]

1943

La fuerza bruta no es soberana aquí abajo. Es por naturaleza ciega e indeterminada. Lo que es soberano aquí abajo es la determinación, el límite. La Sabiduría eterna encierra este universo en una red, en una malla de determinación. El universo no opone resistencia. La fuerza bruta de la materia, que nos parece soberana, no es en realidad otra cosa que perfecta obediencia.

Esa es la garantía que se ofrece al hombre, el arca de la alianza, el pacto, la promesa visible y palpable aquí abajo, el fundamento cierto de la esperanza. Esa es la verdad que nos toca el corazón cada vez que somos sensibles a la belleza del mundo. Es la verdad que brilla con incomparables acentos de alegría en las partes bellas y puras del Antiguo Testamento, en los pitagóricos y en todos los sabios de Grecia,

108. «À propos de la doctrine pythagoricienne», *OC* IV 2, p. 267.

en Lao-Tsé en China, en las escrituras sagradas del hinduismo, en los fragmentos egipcios. Quizás se encuentra oculta en incontables mitos y cuentos. Aparecerá ante nosotros, delante de nuestros ojos, en nuestra propia ciencia, si un día, como a Agar, Dios nos abre los ojos.[109][110]

—⊃o⊂—

Tanto la ciencia del alma como la ciencia social son absolutamente imposibles si no se define rigurosamente la noción de sobrenatural y si no se introduce en la ciencia, como una noción científica, para que pueda ser utilizada con extrema precisión.

Si las ciencias humanas estuvieran fundadas de este modo, mediante métodos de un rigor matemático, y si se mantuvieran al mismo tiempo en relación con la fe; si la interpretación simbólica volviese a ocupar el lugar que tuvo en otro tiempo en las ciencias de la naturaleza y en la matemática, entonces la unidad del orden establecido en este universo aparecería en su claridad soberana.

El orden del mundo es la belleza del mundo. Lo único que cambia es la naturaleza de nuestra aten-

109. Gn 21,19.
110. «L'Enracinement», *OC* V 2, p. 347.

ción, en función de si tratamos de concebir las relaciones necesarias que lo componen o de contemplar su resplandor.

Es una sola y la misma cosa, que en relación con Dios es Sabiduría eterna, en relación con el universo es obediencia perfecta, en relación con nuestro amor es belleza, en relación con nuestra inteligencia es equilibrio de relaciones necesarias, y en relación con nuestra carne es fuerza brutal.[III]

III. «L'Enracinement», *OC* V 2, p. 358.

BELLEZA Y ARTE

1926

La danza aparece claramente como saliendo de la
ceremonia; y la ceremonia no es otra cosa que la ma-
nifestación de la sociedad. Así pues, los hombres que
danzan realizan danzando su vocación de hombres.
Pero todas las artes, y especialmente la arquitectura,
son símbolos de la danza, o más bien de la ceremonia. De modo que, si antes hemos dicho que las piedras del templo quieren estar donde están, cosa que
es ininteligible, es porque la arquitectura surge del
hecho de transportar las relaciones humanas a las
piedras. Pero el universo, que no propone al hombre
ningún modelo de esas relaciones, las acepta cuando
el hombre se las impone, e incluso parece realizar de
ese modo su naturaleza propia [...]. La materia, que

hasta ese momento no era para el hombre nada más que sentimientos y afecciones del cuerpo, se convierte para él, una vez que el arte le ha enseñado a verla bella, en objeto percibido; y así como un fragmento del templo es aún más bello por el hecho de que vemos en él el símbolo del templo entero, así mismo en el universo todo es bello, porque es símbolo del universo.[112]

1942

El arte es un intento de transportar una imagen de la belleza infinita del universo entero en una cantidad finita de materia modelada por el hombre. Si el intento tiene éxito, esa porción de materia no debe ocultar el universo, sino, al contrario, revelar su realidad a lo que le rodea.

Las obras de arte que no son reflejos justos y puros de la belleza del mundo, aperturas directas hacia ella, hablando en propiedad no son bellas, no son de primer orden; sus autores pueden tener mucho talento, pero no poseen el auténtico genio. Este es el caso de muchas de las obras de arte más célebres y loadas. Todo artista verdadero ha tenido un contacto real, directo e inmediato con la belleza del mundo, ese

112. «Le Beau et le Bien», *OC* I, p. 63.

contacto que constituye algo así como un sacramento. Dios ha inspirado toda obra de arte de primer orden, aunque su tema sea el más profano de todos; no ha inspirado ninguna de las otras. Por el contrario, entre las otras, el resplandor de belleza que recubre algunas de ellas bien podría ser un resplandor diabólico.[113]

El universo es bello como lo sería una obra de arte perfecta, si pudiera existir alguna merecedora de ese nombre. No contiene nada que pueda constituir un fin o un bien. No contiene ninguna finalidad, fuera de la belleza universal misma. Esa es la verdad esencial que debemos conocer en relación con este universo, que está absolutamente vacío de finalidad. En él, solo podemos aplicar relaciones de finalidad por mentira o por error.

Si en un poema pedimos por qué razón tal palabra está en tal lugar, y si esa pregunta tiene respuesta, entonces o bien el poema no es de primer orden, o bien el lector no ha entendido nada. Si podemos decir legítimamente que la palabra está donde está para expresar tal idea, o para el enlace gramatical, o para la rima, o para una aliteración, o para rellenar el verso,

113. «Formes de l'amour implicite de Dieu», OC IV 1, p. 306.

o para obtener una cierta coloración, o incluso por muchos motivos de este tipo a la vez, eso significa que se ha buscado el efecto en la composición del poema, y que no ha habido verdadera inspiración. Para un poema verdaderamente bello, la única respuesta es que la palabra está ahí porque convenía que estuviera ahí. La prueba de esa conveniencia es que está ahí, y que el poema es bello. El poema es bello; es decir, que el lector no desea que sea distinto.

Es así como el arte imita la belleza del mundo. La conveniencia de las cosas, de los seres, de los acontecimientos consiste únicamente en el hecho de que existen, y nosotros no debemos desear que no existan o que hayan sido distintos. Un deseo de ese tipo es una impiedad hacia nuestra patria universal, un incumplimiento del amor estoico del universo. Estamos constituidos de tal forma que ese amor es, de hecho, posible; y esa posibilidad es la que tiene por nombre la belleza del mundo.[114]

Todas las producciones humanas son ajustes de medios en vista de fines determinados, excepto la obra de arte: en ella hay ajuste de medios, hay eviden-

114. «Formes de l'amour implicite de Dieu», *OC* IV 1, pp. 310-311.

temente finalidad, pero no podemos concebir ningún fin. En un sentido, el fin no es otra cosa que el conjunto mismo de medios utilizados; pero, en otro sentido, el fin es absolutamente trascendente. Pasa exactamente lo mismo en relación con el universo y el curso del universo, cuyo fin es eminentemente trascendente y no representable, pues es Dios mismo. De modo que el arte es el único término legítimo de comparación. Además, solo esa comparación lleva al amor. Podemos utilizar un reloj sin amar al relojero, pero no podemos escuchar con atención una canción perfectamente bella sin amar al mismo tiempo al cantante y al creador de la canción. E, inversamente, el relojero no necesita amar para fabricar un reloj, mientras que la creación artística (aquella que no es demoníaca ni puramente humana) no es otra cosa que amor.[115]

1943

La política tiene una afinidad muy estrecha con el arte; con artes como la poesía, la música o la arquitectura.

La composición simultánea en distintos planos es la ley de la creación artística y constituye su dificultad.

---

115. «Intuitions pré-chrétiennes», *OC* IV 2, p. 163.

Un poeta, en la disposición de las palabras y en la elección de cada palabra, debe tener en cuenta simultáneamente como mínimo cinco o seis planos de composición. Las reglas de la versificación —número de sílabas y rimas— en la forma de poema que ha adoptado; la coordinación gramatical de las palabras; su coordinación lógica en relación con el desarrollo del pensamiento; la sucesión puramente musical de los sonidos contenidos en las sílabas; el ritmo material, por decirlo de algún modo, constituido por los cortes, las paradas, la duración de cada sílaba y de cada grupo de sílabas; la atmósfera que las posibilidades de sugestión ponen alrededor de cada palabra, y la transición de una atmósfera a otra a medida que las palabras se suceden; el ritmo psicológico, constituido por la duración de las palabras, que corresponde a cada atmósfera o movimiento del pensamiento; los efectos de la repetición y de la novedad, entre muchas otras cosas sin duda, y una única intuición de la belleza que unifica todos esos elementos.

La inspiración es una tensión de las facultades del alma que hace posible el grado de atención indispensable para la composición en múltiples planos.[116]

116. «L'Enracinement», *OC* V 2, pp. 284-285.

Quien componga versos con el deseo de crear algunos tan bellos como los de Racine, no producirá jamás ni un solo verso bello. Menos aún si no tiene siquiera esta esperanza.

Para producir versos en los que resida algo de belleza, hay que haber deseado igualar, mediante la disposición de las palabras, la belleza pura y divina que, según Platón, habita al otro lado del cielo.[117]

El deseo de una imperfección menor no produce ningún progreso hacia una imperfección menor: esa es una de las verdades fundamentales del cristianismo. Solo el deseo de la perfección tiene la virtud de destruir en el alma una parte del mal que la ensucia. De ahí el mandamiento de Cristo: «Sed perfectos como vuestro Padre celestial es perfecto».[118]

El lenguaje humano está tan lejos de la belleza divina como las facultades sensibles e intelectuales de los hombres lo están de la verdad, o las necesidades de la vida social, de la justicia. Por ese motivo la política requiere necesariamente, tanto como el arte y la ciencia, esfuerzos de invención creativa.[119]

117. Platón, *Fedro*, 247b-e.
118. Mt 5,48.
119. «L'Enracinement», *OC* V 2, pp. 285-286.

Es verdad que el talento no tiene relación alguna con la moralidad, pero eso es porque no hay grandeza en el talento. Es falso que no haya relación entre la belleza perfecta, la verdad perfecta y la justicia perfecta; hay más que relación, hay una unidad misteriosa, porque el bien es uno.

Hay un punto de grandeza en el que el genio creador de belleza y el genio revelador de la verdad, el heroísmo y la santidad son indiscernibles. E incluso vemos có mo las grandezas tienden a confundirse cuando se aproximan a ese punto. En Giotto no se puede distinguir el genio del pintor d el espíritu franciscano; ni, en las pinturas y los poemas de la secta Zen en China, el genio del pintor o del poeta d el estado de iluminación mística; ni se pueden distinguir el genio del pintor del amor ardiente e imparcial que llega hasta el fondo de las almas en Velázquez cuando pone en la tela a reyes y vagabundos. La *Ilíada*, las tragedias de Esquilo y las de Sófocles muestran con evidencia que los poetas que las hicieron estaban en estado de santidad.

BELLEZA Y TRABAJO

1936-1941

Las series de movimientos que participan de lo be- llo y pueden realizarse sin degradación contienen instantes de inmovilidad, breves como un relám-pago; esos instantes constituyen el secreto del ritmo y dan al espectador, incluso a extrema velocidad, la impresión de lentitud. Un corredor parece desli-zarse lentamente cuando bate un récord mundial, mientras vemos a los corredores mediocres apre-surándose detrás suyo, a lo lejos; cuanto mejor y más rápido siega un campesino, tanto más tienen los que lo contemplan la sensación de que se toma su tiempo, como se dice con tanta justeza. En cam-bio, el espectáculo que ofrecen los obreros ante las máquinas es casi siempre el de una precipitación miserable en la cual toda gracia y toda dignidad brillan por su ausencia. Para el hombre es natural y conveniente detenerse cuando ha hecho algo para tomar conciencia de ello, aunque sea solo por un instante, como lo hace Dios en el Génesis; ese instante de pensamiento, inmovilidad y equilibrio es lo que hay que aprender a suprimir por completo en la fábrica cuando se trabaja en ella. Los obreros solo llegan a la cadencia exigida por las máquinas cuando los gestos de cada segundo se suceden de modo ininterrumpido, casi como el tic tac de un reloj, sin que nada marque en ningún momento que algo ha terminado y comienza otra cosa.[120]

Este mundo en el que hemos caído existe realmente, somos realmente carne; hemos sido arrojados fuera de la eternidad y realmente debemos atravesar el tiempo penosamente, minuto tras minuto. Esa pena es la parte que nos ha tocado, y la monotonía del trabajo es solamente una de sus formas. Pero también es verdad que nuestro pensamiento está hecho para dominar el tiempo, y que esta vocación debe preservarse intacta en todo ser humano. La sucesión

120. «Expérience de la vie d'usine», *OC* II 2, p. 296.

absolutamente uniforme y al mismo tiempo variada y siempre sorprendente de días, meses, estaciones y años es exactamente lo que conviene a nuestra pena y a nuestra grandeza. Entre las cosas humanas, todo lo que es en algún grado bello y bueno reproduce en cierto modo esa mezcla de uniformidad y variedad; todo lo que difiere de ella es malo y degradante. El trabajo del campesino obedece por necesidad a ese ritmo del mundo; el trabajo del obrero, por su misma naturaleza, es en buena medida independiente de él, pero podría imitarlo. Lo que sucede en las fábricas es exactamente lo contrario. En ellas, la uniformidad y la variedad también se mezclan, pero esa mezcla es opuesta a la ofrecida por el sol y los astros […]; el futuro de quien trabaja en una fábrica está vacío a causa de la imposibilidad de prever, y más muerto que el pasado por la identidad de los instantes que se suceden como el tic tac de un reloj. El tiempo constituid o por una uniformidad que imita los movimientos de los relojes y no los de las constelaciones y por una variedad que excluye toda regla —y con ello también toda previsión—, es para el ser humano un tiempo inhabitable e irrespirable.[121]

121. «Expérience de la vie d'usine», *OC* II 2, p. 349.

1942

El trabajo físico constituye un contacto específico con la belleza del mundo, e incluso, en los mejores momentos, un contacto de una plenitud sin equivalente en otras actividades. El artista, el científico, el pensador o el contemplativo, para admirar realmente el universo, deben rasgar esa fina capa de irrealidad que lo vela y lo convierte para casi todos los hombres, en casi todos los momentos de su vida, en un sueño o en un decorado de teatro. Deben hacerlo, pero la mayoría de las veces no pueden. Quien tiene los miembros del cuerpo rotos por el esfuerzo de una jornada de trabajo, es decir, por una jornada en la que ha estado sometido a la materia, lleva en su carne como una espina la realidad del universo. Para él, la dificultad consiste en mirar y amar; si lo consigue, ama lo real.

Ese es el inmenso privilegio que Dios ha reservado a sus pobres. Pero casi nunca lo saben. No se lo decimos. El exceso de fatiga, la preocupación obsesiva por el dinero y la falta de verdadera cultura les impide darse cuenta de ello. Bastaría con cambiar pocas cosas de su condición para abrirles el acceso a un tesoro. Es desgarrador ver lo fácil que sería para los hombres, en muchos casos, proporcionar un tesoro a sus semejantes, y cómo dejan pasar los siglos sin hacerse cargo de ello.[122]

122. «Formes de l'amour implicite de Dieu», *OC* IV 1, p. 307.

En el trabajo manual, y en general en el trabajo de ejecución, que es el trabajo propiamente dicho, hay un elemento irreductible de servidumbre que ni una perfecta equidad social lograría hacer desaparecer. Se trata del hecho de que está gobernado por la necesidad y no por la finalidad. Se ejecuta a causa de una necesidad, y no en vista de un bien; «porque hay que ganarse la vida», como dicen los que pasan en él su existencia […].

En ese espacio se dan vueltas sin parar. Se oscila entre el trabajo y el reposo como una pelota que rebota de un muro a otro. Se trabaja solamente porque hay que comer. Pero se come para poder continuar trabajando. Y otra vez se trabaja para comer […].

Ese pesado vacío causa mucho sufrimiento […]. Aquellos que, por su condición, nunca lo han vivido no pueden juzgar con equidad las acciones de los que lo soportan durante toda su vida. No causa la muerte, pero es quizás tan doloroso como el hambre. Quizás más. Quizás sería literalmente verdad decir que el pan es menos necesario que el remedio para ese dolor.

No hay posible elección entre remedios. Solo hay un remedio. Una única cosa hace soportable la monotonía, una luz de eternidad: la belleza.[123]

123. «Condition première d'un travail non servile», *OC* IV I, pp. 418-422.

Hay un solo caso en el que la naturaleza humana soporta que el deseo del alma se dirija hacia lo que existe y no hacia lo que podría ser o lo que será. Ese caso es la belleza. Todo lo que es bello es objeto de deseo, pero no deseamos que sea distinto de cómo es, no deseamos cambiar nada, deseamos eso mismo que existe. Contemplamos con deseo el cielo estrellado de una noche clara, y lo que deseamos es únicamente el espectáculo que poseemos.

Puesto que el pueblo está obligado a dirigir todo su deseo hacia lo que ya posee, la belleza está hecha para él y él está hecho para la belleza. La poesía es un lujo para el resto de condiciones sociales. El pueblo tiene tanta necesidad de poesía como de pan. No de la poesía encerrada en las palabras; esa poesía, por ella misma, no puede serle de ninguna utilidad. El pueblo necesita que la sustancia cotidiana de su vida sea ella misma poesía.[124]

1943

Aunque el trabajo físico haga sufrir, no constituye por sí mismo una degradación. El trabajo físico no es arte,

124. «Condition première d'un travail non servile», *OC* IV 1, p. 422.

no es ciencia, pero es algo que tiene exactamente el mismo valor que el arte y la ciencia. Porque proporciona la misma posibilidad de acceder a una forma impersonal de la atención […].

En la misma medida que el arte y la ciencia, aunque de un modo distinto, el trabajo físico supone un cierto contacto con la realidad, la verdad y la belleza de este universo, y con la sabiduría universal que constituye su ordenamiento mismo.

Es por este motivo que degradar el trabajo es un sacrilegio exactamente en el mismo sentido que lo es pisar una hostia.

Si los que trabajan lo sintieran, si sintieran que por el hecho de ser víctimas son también de algún modo cómplices, su resistencia tendría un impulso totalmente distinto del que le puede proporcionar la idea de su persona o su derecho. No sería una reivindicación; sería una sublevación de todo el ser, salvaje y desesperada como en una joven a quien se quiere meter por la fuerza en un prostíbulo; y, al mismo tiempo, sería un grito de esperanza surgido del fondo del corazón.[125]

125. «La personne et le sacré», *OC* V I, pp. 220-221.

La escuela sociológica francesa casi tiene razón en su explicación social de la religión.[126] Solo le falta algo infinitamente pequeño para tener razón. Pero ese infinitamente pequeño es el grano de mostaza,[127] la perla en el campo,[128] la levadura en la masa,[129] la sal en el alimento.[130] Ese infinitamente pequeño es Dios, es decir, infinitamente más que todo.

Tanto en la vida de un pueblo como en la vida de un alma, se trata solamente de poner ese infinitamente pequeño en el centro. Todo lo que no está en contacto directo con él debe quedar como impregnado por la mediación de la belleza. Esto estuvo a punto de realizarse en la Edad Media románica, durante ese período prodigioso en el que los ojos y las orejas de los hombres se encontraban cotidianamente repletos de belleza perfectamente simple y pura.

La diferencia entre un régimen de trabajo que abre a los hombres el acceso a la belleza del mundo y otro que lo cierra es infinitamente pequeña. Pero ese infinitamente pequeño es real. Allí donde no

---

126. Weil se refiere probablemente a la obra de Émile Durkheim *Les formes élémentaires de la vie religieuse*, de 1912.

127. Mt 13,31-32.

128. Mt 13,45-46.

129. Mt 13,33.

130. Mt 5,13.

se encuentra presente, nada imaginario puede re-emplazarlo.[131]

No se debe presentar la ciencia del mismo modo a los campesinos que a los obreros. Es natural que, cuando se presenta a los obreros, la mecánica lo domine todo. Cuando se presenta a los campesinos, todo debe tener como centro el circuito maravilloso a través del cual la energía solar, habiendo descendido hasta las plantas, fijada por la clorofila y concentrada en las semillas y los frutos, entra en el hombre que come o bebe, llega hasta sus músculos y se emplea en el trabajo de la tierra. Todo lo que está relacionado con la ciencia puede colocarse alrededor de este circuito, porque la noción de energía se encuentra en el centro de todo. El pensamiento de este circuito, si penetrara en el espíritu de los campesinos, envolvería el trabajo en poesía.

De una manera general, en los pueblos toda la ense-ñanza debería tener como objetivo esencial aumentar la sensibilidad hacia la belleza del mundo, la belleza de la naturaleza. Es verdad que los turistas han descu-bierto que los campesinos no se interesan por los pai-

131. «Cette guerre est une guerre de religions», *OC* V 1, pp. 254-255.

sajes. Pero cuando se comparten con ellos agotadoras jornadas de trabajo, que es el único modo de hablar con ellos con franqueza, se oye a algunos de ellos quejarse de que su trabajo sea demasiado duro como para dejarles gozar de las bellezas de la naturaleza.[132]

～つ○ℂ～

Durante la siembra, por ejemplo, un campesino podría tener presentes, en el fondo de su pensamiento y sin palabras siquiera interiores, de un lado algunas comparaciones de Cristo: «Si el grano no muere…»,[133] «La semilla es la palabra de Dios…»,[134] «El grano de mostaza es la más pequeña de todas las semillas…»,[135] y del otro el doble mecanismo del crecimiento: el que hace que la semilla, consumiéndose a sí misma y con la ayuda de bacterias, llegue a la superficie de la tierra; y el que hace que la energía solar descienda en la luz y, captada por el verde del tallo, vuelva a subir por un movimiento ascendiente irresistible. La analogía que convierte los mecanismos de aquí abajo en un espejo de los mecanismos sobrenaturales, si podemos

132. «L'Enracinement», *OC* V 2, p. 181.
133. Jn 12,24.
134. Lc 8,11.
135. Mt 13,31-32.

usar esta expresión, se hace entonces evidente, y el cansancio del trabajo hace que esa analogía, según el dicho popular, entre en el cuerpo. La pena que el esfuerzo del trabajo siempre conlleva, en menor o mayor medida, se convierte en el dolor que hace penetrar la belleza del mundo hasta el centro mismo del ser humano […].

Necesitaríamos que este mundo y el otro, en su doble belleza, fueran presentes y asociados al acto del trabajo, del mismo modo como el niño que va a nacer lo está en la preparación de la canastilla.[136]

El hombre se apartó de la obediencia. Dios escogió como castigos el trabajo y la muerte.[137] En consecuencia, el trabajo y la muerte, si el hombre los padece consintiendo a padecerlos, conducen al bien supremo de la obediencia a Dios.

Eso es claramente evidente si, como en la Antigüedad, entendemos la pasividad de la materia inerte como la perfección de la obediencia a Dios, y la belleza del mundo como el resplandor de la perfecta obediencia […].

136. «L'Enracinement», *OC* V 2, pp. 187-188.
137. *Cf.* Gn 3,16-19.

El trabajo físico es una muerte cotidiana [...].

Inmediatamente después del consentimiento a la muerte, el consentimiento a la ley que hace que el trabajo sea indispensable para la conservación de la vida es el acto más perfecto que puede realizar un hombre.

Por tanto, las demás actividades humanas —gobernar a los hombres, elaborar planes técnicos, arte, ciencia, filosofía, etc.— son todas inferiores al trabajo físico en importancia espiritual.

Es fácil definir el lugar que el trabajo físico debe ocupar en una vida social bien ordenada. Debe ser su centro espiritual.[138]

138. «L'Enracinement», *OC* V 2, pp. 363-365.

LA BELLEZA Y LAS NECESIDADES DEL ALMA

1943

A los criminales, el auténtico castigo; a los desdichados, heridos hasta el fondo del alma por la desdicha, una ayuda capaz de llevarlos a saciar su sed en las fuentes sobrenaturales; a todos los demás, un poco de bienestar, mucha belleza, y protección contra aquellos que les harían daño; por todas partes, la limitación rigurosa del tumulto de mentiras, propagandas y opiniones, el establecimiento de un silencio en el que la verdad pueda germinar y madurar; esto es lo que es debido a los hombres.

Para asegurar todo eso a los hombres, solo podemos contar con aquellos seres que han sobrepasado un determinado límite. Se dirá que no hay suficientes.

Seguramente son escasos, pero, sin embargo, no los podemos contar; la mayoría están escondidos. El bien puro solo es enviado aquí abajo desde el cielo en una cantidad imperceptible, ya sea en un alma o en la sociedad. «El grano de mostaza es la más pequeña de las semillas»[139] […].

Pero del mismo modo que lo hacen los catalizadores o las bacterias en las reacciones químicas, de las cuales la levadura[140] es un ejemplo, así también en las cosas humanas las semillas imperceptibles de bien puro actúan de un modo decisivo por su sola presencia, si se las pone allí donde hace falta.[141]

⎯ᴐᴑᴄ⎯

Como la obediencia es, de hecho, la ley imprescriptible de la vida humana, solo podemos distinguir entre la obediencia consentida y la obediencia no consentida. Allí donde hay obediencia consentida, hay libertad, y en ninguna otra parte.

La libertad no puede residir en un Parlamento, ni en la prensa, ni en ninguna institución. Solo reside en la obediencia. Allí donde la obediencia no tiene

139. Mt 13,31-32.
140. Cf. Mt 13,33.
141. «La personne et le sacré», OC V 1, pp. 234-235.

en todas partes un sabor cotidiano y permanente de libertad, no hay libertad. La libertad es el sabor de la verdadera obediencia.

Las formas y las expresiones del consentimiento varían mucho en función de las tradiciones y el entorno, de modo que una sociedad compuesta por hombres mucho más libres que nosotros, si es muy diferente de la nuestra, puede parecernos despótica por nuestra ignorancia [...].

Por otro lado, hay un tipo de devoción ligada a la esclavitud que, lejos de ser un signo de consentimiento, es el efecto directo de un sistema de coacción brutal; porque la naturaleza humana, en la desdicha, busca desesperadamente compensaciones donde pueda encontrarlas [...].

Allí donde hay libertad, hay florecimiento de felicidad, belleza y poesía; ese es quizá su único signo infalible.[142]

El espíritu de justicia no es otra cosa que la flor suprema y perfecta de la locura de amor.

La locura de amor convierte la compasión en un móvil mucho más poderoso que la grandeza, la gloria

142. «Luttons-nous pour la justice?», *OC* V 1, p. 245.

e incluso el honor para todo tipo de acción, incluido el combate.

La locura de amor obliga a dejar todas las cosas por la compasión y a vaciarse, como dice san Pablo refiriéndose a Cristo.[143]

Incluso en medio del sufrimiento injustamente infligido, hace que consintamos a padecer la ley universal que expone a toda criatura de este mundo a la injusticia. Este consentimiento saca el alma del mal; tiene la virtud milagrosa de transformar, en el alma donde se ejerce, el mal en bien, la injusticia en justicia; gracias a él el sufrimiento, acogido con respeto, sin bajeza ni revuelta, se convierte en algo divino.

La locura de amor impulsa a identificar y a querer del mismo modo, en todos los medios humanos sin excepción, en todos los lugares del planeta, las frágiles posibilidades terrestres de belleza, de felicidad y de plenitud; hace que deseemos preservarlas todas con un cuidado igual de religioso. Allí donde esas posibilidades no existen, hace que queramos volver a calentar con ternura las trazas de las que existieron en otro tiempo y las mínimas semillas de las que pueden nacer.[144]

143. Fl 2,7.
144. «Luttons-nous pour la justice?», *OC* V 1, pp. 248-249.

La exigencia de bien absoluto que habita en el centro del corazón y el poder, aunque sea virtual, de orientar la atención y el amor hacia fuera del mundo, recibiendo como respuesta el bien, constituyen conjuntamente un vínculo que enlaza todo hombre sin excepción con la otra realidad.

Quien reconoce esta otra realidad reconoce también este vínculo, y, por esa causa, valora todo ser humano, sin excepción, como algo sagrado a lo que se debe mostrar respeto.

No existe otro móvil posible para el respeto universal dirigido hacia todos los seres humanos. Sea cual sea la fórmula de creencia o de incredulidad que alguien pueda haber escogido, toda persona cuyo corazón impulsa a practicar ese respeto reconoce, de hecho, una realidad que resulta diferente de la de este mundo […].

La posibilidad de expresión indirecta del respeto hacia el ser humano es el fundamento de la obligación. La obligación tiene por objeto las necesidades terrestres del alma y del cuerpo de los seres humanos […].

El criterio que permite reconocer que en algún lugar las necesidades de los seres humanos están siendo satisfechas es un florecimiento de fraternidad, de alegría, de belleza, de felicidad. Allí donde hay repliego sobre sí, tristeza, fealdad, hay privaciones por atender.[145]

145. «Étude pour une déclaration des obligations envers l'être humain», *OC* V 2, pp. 97-99, 104.

BELLEZA Y ORDEN SOCIAL

1943

Solo la cristalización en la vida pública del bien superior, que es impersonal y no tiene relación con ninguna forma política, puede proteger la persona del colectivo y asegurar la democracia.

Es verdad que la palabra «persona» se aplica frecuentemente a Dios. Pero, cuando Cristo propone a los hombres a Dios mismo como el modelo de perfección que les es mandado imitar, no añade únicamente la imagen de una persona, sino, sobre todo, la de un orden impersonal: «Sed hijos de vuestro Padre, el de los cielos, que hace que salga su sol para los malos y los buenos y que caiga su lluvia sobre los justos y los injustos».[146]

146. Mt 5,45.

Ese orden impersonal y divino del universo tiene entre nosotros las imágenes de la justicia, la verdad, la belleza. Nada que sea inferior a esas cosas es digno de servir como inspiración para los hombres que aceptan morir.

Por encima de las instituciones destinadas a proteger el derecho, las personas y las libertades democráticas, hay que inventar otras destinadas a identificar y abolir todo lo que, en la vida contemporánea, aplasta las almas bajo la injusticia, la mentira y la fealdad.[147]

No hay que persuadir a la colectividad (que no existe) de que debe respetar a la persona.

Hay que persuadir a la persona de que no debe ahogarse en lo colectivo, sino dejar madurar en ella misma lo impersonal.

Esa maduración exige espacio y silencio.

Pero también calor, porque el frío de la miseria nos obliga a lanzarnos cabizbajos en lo colectivo.

Así pues, necesitamos una vida colectiva que, envolviendo calurosamente a cada ser humano, le proporcione al mismo tiempo espacio y silencio.

La vida moderna es todo lo contrario. Ej. fábrica.

147. «La personne et le sacré», *OC* V 1, p. 236.

Insistir en el *calor*.

Lo colectivo no puede pasar a lo impersonal. (Un grupo no puede hacer ni una suma). Pero puede recibir la marca de lo impersonal.

Esparcir, sobre la vida colectiva misma, un color de vida impersonal; es decir, de belleza.

No la falsa imitación de belleza obtenida por los Estados totalitarios mediante la impresión de poder, de fuerza o dinamismo.

Sino una belleza estable, en reposo, con el color de la eternidad.

Esa es la función social de la religión.[148]

La primera necesidad del alma, la más estrechamente relacionada con su destino eterno, es el orden, es decir, un tejido de relaciones sociales en el que nadie se vea forzado a violar obligaciones rigurosas para cumplir otras obligaciones. El alma solo sufre una violencia espiritual causada por las circunstancias exteriores en ese caso […].

Desgraciadamente, no tenemos ningún método para disminuir esa incompatibilidad. No tenemos siquiera la certeza de que la idea de un orden en el

148. «Autres fragments», *OC* V 2, p. 396.

que todas las obligaciones fueran compatibles no sea una ficción [...].

Pero tenemos cada día ante nuestros ojos el ejemplo del universo, donde una infinidad de acciones mecánicas independientes cooperan para constituir un orden que se mantiene fijo a través de las variaciones. Por eso amamos la belleza del mundo, porque sentimos detrás de ella la presencia de algo análogo a la sabiduría que querríamos poseer para saciar nuestro deseo de bien.

En menor grado, las obras de arte verdaderamente bellas ofrecen el ejemplo de conjuntos en los que factores independientes cooperan, de un modo imposible de comprender, para constituir una belleza única.[149]

La contemplación de auténticas obras de arte, y más aún la contemplación de la belleza del mundo, y más aún la del bien desconocido al que aspiramos, puede sostenernos en el esfuerzo de pensar continuamente en el orden humano que debe ser el objeto principal de nuestro pensamiento.

Los grandes provocadores de violencia encuentran

149. «L'Enracinement», *OC* V 2, pp. 117-118.

un estímulo al considerar que la fuerza mecánica y ciega es soberana en todo el universo.

Contemplando el mundo mejor que ellos, encontraremos un estímulo aún mayor si consideramos cómo las innombrables fuerzas ciegas son limitadas, combinadas en un equilibrio, llevadas a converger en una unidad, por algo que no comprendemos, pero que amamos y que llamamos belleza.

Si mantenemos la idea de un verdadero orden humano siempre presente en el pensamiento, si pensamos en ese orden como un objeto por el cual, si se presenta la ocasión, debemos sacrificarlo todo, nos encontraremos en la situación de un hombre que anda durante la noche y sin guía, pero pensando siempre en la dirección que quiere seguir. Para un viajero así, hay una gran esperanza.[150]

150. «L'Enracinement», *OC* V 2, p. 118.

Su opinión es importante.
En futuras ediciones, estaremos encantados
de recoger sus comentarios sobre este libro.

Por favor, háganoslos llegar a través de nuestra web:

www.plataformaeditorial.com

Para adquirir nuestros títulos,
consulte con su librero habitual.

«*I cannot live without books*».
«No puedo vivir sin libros».
THOMAS JEFFERSON

Plataforma Editorial planta un árbol
por cada título publicado.

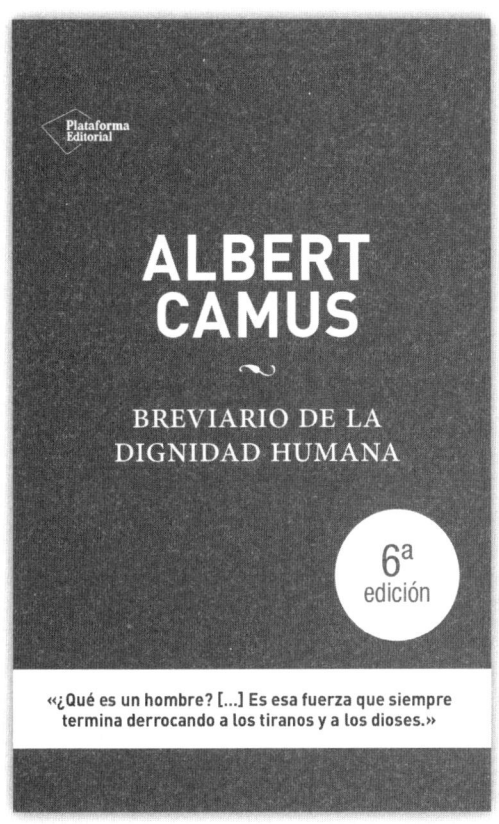

Plataforma
Editorial

ALBERT CAMUS

∿

BREVIARIO DE LA DIGNIDAD HUMANA

6ª
edición

«¿Qué es un hombre? [...] Es esa fuerza que siempre
termina derrocando a los tiranos y a los dioses.»

A través de los propios textos del autor,
este singular breviario pone de manifiesto el coraje
y la lucidez de un escritor excepcional.

Este libro recoge los momentos más elocuentes, agudos y brillantes del gran estadista. Una celebración del humor y la humanidad de un hombre imponente y uno de los líderes más importantes e ingeniosos del siglo XX.